2018—2019年中国工业和信息化发展系列蓝皮书

2018—2019年
中国中小企业发展蓝皮书

中国电子信息产业发展研究院　编著
刘文强　主　编
杨东日　副主编

電子工業出版社
Publishing House of Electronics Industry
北京 · BEIJING

内 容 简 介

本书通过客观描述中小企业发展情况，深入分析中小企业发展环境，系统梳理中小企业面临的突出问题，科学展望中小企业发展前景，为读者提供了2018—2019年度中小企业发展的全景式描述，并通过对中小企业突出问题的专题分析，为读者提供中小企业发展相关重点领域的深度刻画。

通过本书的研究，希望为中小企业相关政府主管部门制定决策提供参考，为相关研究人员及中小企业管理者提供相应的基础资料。

图书在版编目（CIP）数据

2018—2019年中国中小企业发展蓝皮书 / 中国电子信息产业发展研究院编著. —北京：电子工业出版社，2019.12

（2018—2019年中国工业和信息化发展系列蓝皮书）

ISBN 978-7-121-37577-4

I. ①2… II. ①中… III. ①中小企业—经济发展—研究报告—中国—2018-2019 IV. ①F279.243

中国版本图书馆CIP数据核字（2019）第219846号

责任编辑：宁浩洛
印　　刷：天津画中画印刷有限公司
装　　订：天津画中画印刷有限公司
出版发行：电子工业出版社
　　　　　北京市海淀区万寿路173信箱　邮编：100036
开　　本：720×1 000　1/16　印张：8.5　字数：158千字　彩插：1
版　　次：2019年12月第1版
印　　次：2019年12月第1次印刷
定　　价：78.00元

凡所购买电子工业出版社图书有缺损问题，请向购买书店调换。若书店售缺，请与本社发行部联系，联系及邮购电话：（010）88254888，88258888。

质量投诉请发邮件至zlts@phei.com.cn，盗版侵权举报请发邮件至dbqq@phei.com.cn。

本书咨询联系方式：ninghl@phei.com.cn。

前　　言

中小企业是我国国民经济和社会发展的重要力量，在推动经济发展、扩大劳动就业、促进技术创新、改善社会民生等方面具有不可替代的作用。以习近平同志为核心的党中央高度重视中小企业工作。习近平总书记多次做出重要指示，要求坚持“两个毫不动摇”和“三个没有变”，依法保护民营企业、中小企业的权益。2018 年 11 月 1 日，习近平总书记在民营企业座谈会上的重要讲话，为新时代促进民营经济和中小企业发展工作指明了方向。李克强总理也多次就中小企业发展问题做出重要批示，在 2018 年召开的国务院常务会议中，有 13 次涉及研究加大对中小微企业支持力度的议题。刘鹤副总理两次主持召开国务院促进中小企业发展工作领导小组会议，研究部署并推动相关工作落实。党中央、国务院出台了一系列促进中小企业发展的政策措施，工业和信息化部会同各有关部门，与各级中小企业主管部门一道认真履职尽责，不断加大对中小企业的扶持力度；各地、各级中小企业主管部门也结合实际出台了一系列配套办法和实施意见，各项工作取得积极进展。

一是营商环境进一步优化。工业和信息化部印发领导小组各成员单位 2018 年工作要点，涉及 18 个单位 78 条分工。落实领导小组的两次会议精神，全面梳理工作任务，加强跟踪督促，增加生态环境部为领导小组成员单位。在工业和信息化部门户网站和部属报刊开通“支持民营企业在行动”专栏，召开促进民营经济发展工作座谈会，学习贯彻习近平总书记重要讲话精神，对各地中小企业和民营经济工作提出要求。推动各地强化领导小组工作机制，湖北、广东等 10 个省促进中小企业或民营经济领导小组组长由省长担任。另外，工业和信息化部与民建中央、四川省人民政府共同举办了 2018 年（四川）非公有制经济发展论坛。在世界银行发布的《2019 年营商环境报告》中，我国的“营商环境改善”排名第三。

二是财税支持力度进一步加大。中央财政进一步优化了中小企业发展专项资金支持方式，安排 40 多亿元重点支持地方打造创新创业特色载体，对扩展小微企业融资担保规模、降低费用取得明显成效的省市给予奖补。积极推动国家中小企业发展基金运营。持续加大减税降费，扩大减半征收小型微利企业所得税优惠范围至年应纳税所得额 100 万元、统一增值税小规模纳税人标准到年销售额 500 万元等。为清理政府部门和国有大企业拖欠中小企业、民营企业账款，国务院决定开展专项清欠行动，对欠款“限时清零”，严重拖欠的要列入失信“黑名单”，严厉惩戒问责。

三是融资支持力度进一步加强。工业和信息化部认真落实国务院关于金融支持小微企业各项政策，与交通银行、农业银行、建设银行、邮储银行和工商银行签署《中小企业金融服务战略合作协议》，引导银行业金融机构加大对小微企业信贷投放。银保监会统计数据显示，2018 年年末，国标小微企业贷款余额 33.49 万亿元，占各项贷款余额的 23.81%。其中，普惠型小微企业贷款余额 9.36 万亿元，比去年初增长 21.79%，比各项贷款增速高 9.2 个百分点，有贷款余额的户数 1723.23 万户，比去年初增加 455.07 万户。落实《小微企业应收账款融资专项行动工作方案（2017—2019 年）》（银发〔2017〕104 号），推动供应链核心企业支持小微企业应收账款融资。截至 2018 年年末，全国知识产权质押融资总额 1224 亿元，其中专利权质押融资总额 885 亿元，商标权质押融资总额 339 亿元，通过应收账款融资服务平台促成融资 3.1 万亿元，同比增长 34%。

四是专业化能力和水平进一步提升。工业和信息化部联合国家发展改革委、财政部、国资委出台《促进大中小企业融通发展三年行动计划》（工信部联企业〔2018〕248 号），着力构建大企业与中小企业协同创新、共享资源、融合发展的产业生态。工业和信息化部办公厅印发《关于开展专精特新“小巨人”企业培育工作的通知》（工信厅企业函〔2018〕381 号），计划用三年时间培育一批专精特新“小巨人”企业，并培育一批细分领域“单项冠军”企业。2018 年，工业和信息化部新认定 119 个国家小型微型企业创业创新示范基地，并举办 2018 年“创客中国”创新创业大赛，共 8112 个创新项目参赛，同比增长 53.8%。各地举办区域赛 26 场，举办专题赛 23 场，并首次拓展举办国际赛事，设立 10 个国际分赛场。

五是公共服务体系进一步完善。工业和信息化部办公厅印发《关于开展 2018 年度中小企业公共服务体系重点服务活动的通知》(工信厅企业函〔2018〕190 号)。继续推进中小企业公共服务平台网络建设，新认定 174 个国家中小企业公共服务示范平台。会同财政部、海关总署、税务总局新公布 11 家享受进口免税政策的技术类示范平台名单。2018 年 10 月，国家中小企业政策信息互联网发布平台正式上线，实现中小企业与政策精准匹配。继续实施企业经营管理人才素质提升工程，完成 1600 名中小企业经营管理领军人才培训。完善中小企业管理咨询专家库，已有 9 批 783 名专家入库。深化中小企业双多边交流合作，探索中小企业海外服务体系建设，在德国设立首个“中国中小企业中心”，启动 APEC 中小企业信息化促进中心云服务平台。成功举办第 15 届中国国际中小企业博览会和第 10 届 APEC 中小企业技术交流暨展览会。新设立沧州、许昌、慈溪 3 个中外中小企业合作区，现在全国已有 12 个中外中小企业合作区。

2019 年是新中国成立 70 周年，是全面建成小康社会、实现第一个百年奋斗目标的关键之年。做好中小企业工作，要以习近平新时代中国特色社会主义思想为指导，认真落实中央经济工作会议和习近平总书记在民营企业座谈会上的重要讲话精神，按照全国工业和信息化工作会议部署，牢固树立新发展理念，以提高发展质量和效益为中心，以提升中小企业专业化能力和水平为着力点，以供给侧结构性改革为主线，以落实《促进中小企业健康发展的指导意见》为重要抓手，以《中小企业促进法》执法检查为契机，充分发挥国务院促进中小企业发展工作领导小组的协调作用，重点抓好“六个坚持不懈”：一是坚持不懈在政策落实上下功夫；二是坚持不懈在优化企业发展环境上下功夫；三是坚持不懈在破解中小企业融资难融资贵上下功夫；四是坚持不懈在提升中小企业专业化能力和水平上下功夫；五是坚持不懈在提高中小企业服务实效上下功夫；六是坚持不懈在支持中小企业国际化发展上下功夫。

中国电子信息产业发展研究院赛迪智库中小企业研究所立足于对中国中小企业的持续研究，组织编写了《2018—2019 年中国中小企业发展蓝皮书》，对 2018

年中小企业发展状况和 2019 年中小企业发展态势进行了梳理和展望。相信本书有助于广大中小企业了解和掌握国家的相关政策，同时也为新形势下社会各界研究中小企业政策和发展提供参考。

工业和信息化部中小企业局局长

目　录

综述篇

专题篇

政策篇

热点篇

展望篇

综 述 篇

第一章

2018年中国中小企业发展背景

2018年，全球经济延续温和增长，但动能有所放缓，世界主要经济体增长态势分化，国际贸易整体下滑，劳动力市场改善明显。

第一节　中小企业发展的国际环境

一、世界经济复苏缓慢

2018年10月，国际货币基金组织（IMF）发布的《世界经济展望》指出2018—2019年的全球经济增长率预计为3.7%，比2018年4月的预测低0.2个百分点。发达经济体经济活动在2017年下半年达到峰值后，2018年上半年势头有所减弱，欧元区和英国的增长结果低于预测水平，世界贸易和工业生产增长减缓，一些高频指标下降。在新兴市场和发展中的经济体，能源出口国的经济活动继续逐步改善，但一些进口国的经济活动有所减弱，阿根廷、巴西和土耳其的经济活动下滑更明显。

联合国经济和社会事务部发布《2019年世界经济形势与展望》报告，报告指出，由于贸易局势越发紧张，全球贸易增长从2017年的5.3%放缓至2018年的3.8%。贸易紧张局势的长期升级可能会严重扰乱全球经济。

世界银行发布的《全球经济展望》表示，2018年全球经济增长仍将保持3.1%的强劲势头，但是投资已然疲软，受到世界贸易紧张局势持续升级等因素的影响，全球经济前景趋于黯淡，一些新兴市场大国承受了巨大的金融压力。

二、主要经济体增长态势分化加剧

（一）美国经济稳健复苏

近十年来，美国 GDP 多次波动，整体保持增长态势，2018 年 GDP 增速达到 2.9%（见图 1-1），为 2008 年经济危机以来的最高值。

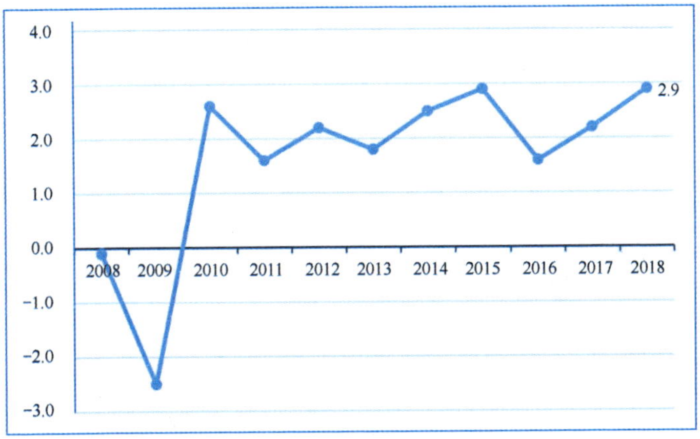

图 1-1　2008—2018 年美国 GDP 增幅年率（%）

（数据来源：Wind 数据库，2019 年 3 月）

从采购经理指数（PMI）来看，2018 年美国制造业 PMI 波动频繁，均处于荣枯分水岭以上。2018 年 8 月，美国制造业 PMI 以 61.3 的水平实现全年最高值，之后呈下滑态势，于 2018 年 12 月以 54.3 的水平成为全年最低值，但整体好于 2017 年，如图 1-2 所示。

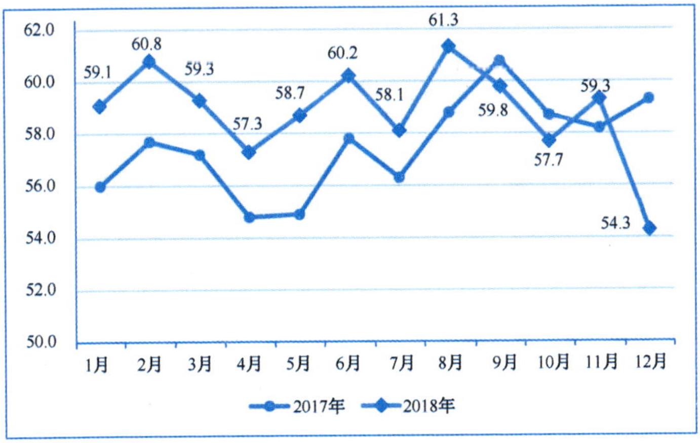

图 1-2　2017—2018 年美国制造业 PMI

（数据来源：Wind 数据库，2019 年 3 月）

（二）日本经济发展缓慢

2018 年日本 GDP 增速为 0.7%，相较于 2017 年下滑 1 个百分点（见图 1-3）。具体而言，1—4 季度的增速分别为 1.7%、1.4%、-0.3%、-0.1%，经济增速较为缓慢。

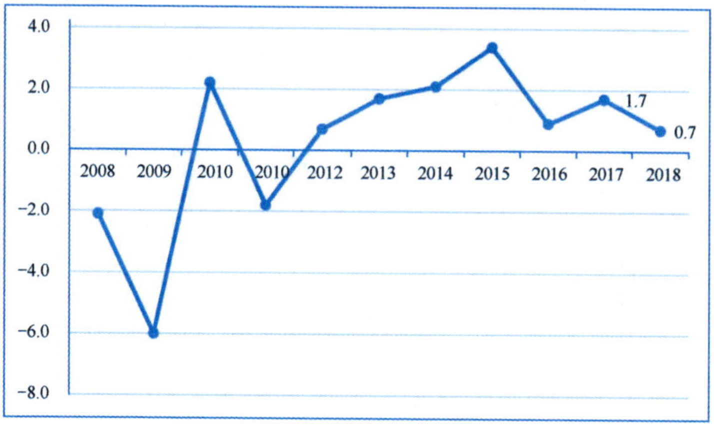

图 1-3　2008—2018 年日本 GDP 增幅年率（%）

（数据来源：Wind 数据库，2019 年 3 月）

从采购经理指数（PMI）来看，2018 年日本制造业 PMI 整体呈下滑态势，从年初的最高值 54.8 下滑到 11 月的最低值 52.2（见图 1-4），制造业复苏疲软。

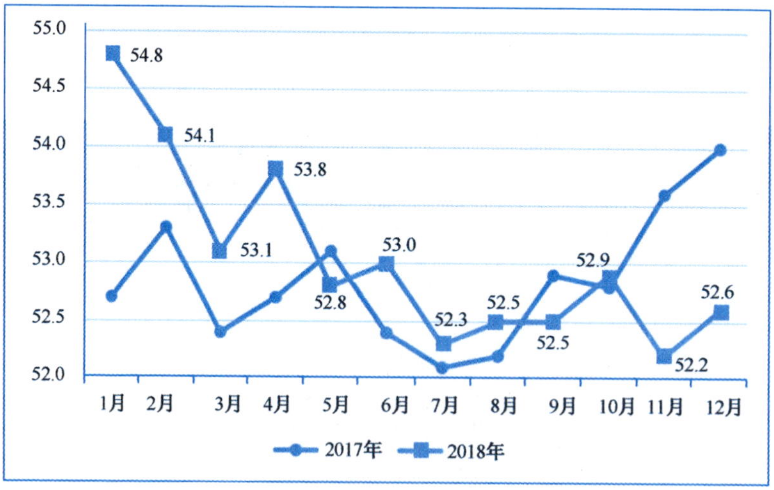

图 1-4　2017—2018 年日本制造业 PMI

（数据来源：Wind 数据库，2019 年 3 月）

（三）欧元区经济复苏态势减弱

2018 年欧元区 GDP 增速为 1.8%，如图 1-5 所示。2018 年上半年，欧元区 GDP 呈缓慢上升态势，之后开始缓慢下滑，跌至第四季度的 1.3%（见图 1-6），全年增速有所回落。

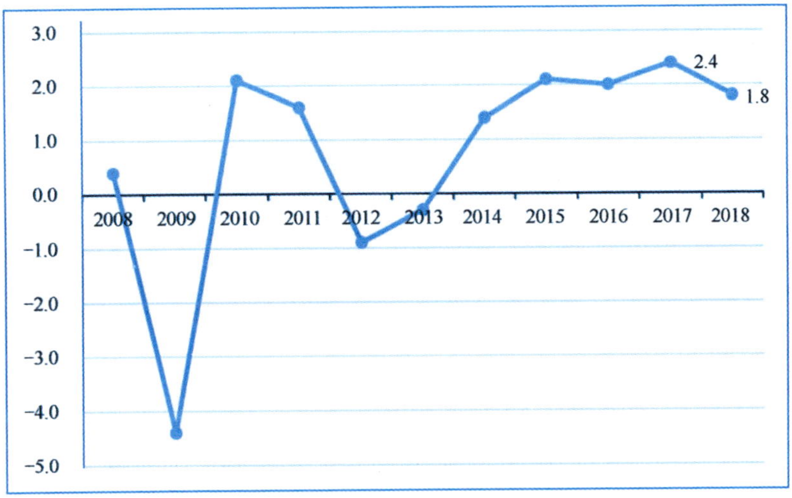

图 1-5　2008—2018 年欧元区 GDP 增幅年率（%）

（数据来源：Wind 数据库，2019 年 3 月）

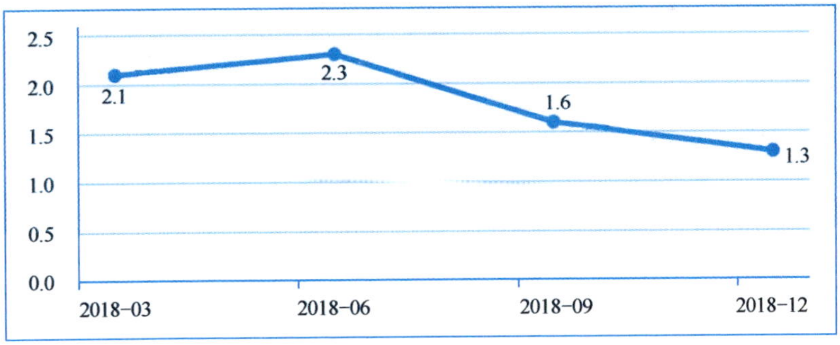

图 1-6　2018 年欧元区 GDP 同比增速（%）

（数据来源：Wind 数据库，2019 年 3 月）

2018 年，欧元区制造业采购经理指数（PMI）一路下跌，12 月制造业 PMI 以 51.4 创下年度最低值，相比于 1 月份下降 8.2 个百分点（见图 1-7），回落幅度较大。

图 1-7　2018 年欧元区制造业 PMI

（数据来源：Wind 数据库，2019 年 3 月）

（四）新兴市场经济发展分化依然较为明显

2018 年，新兴市场和发展中国家经济内部分化较为明显。具体而言，印度经济仍处于高速发展阶段；南非经济有所下滑，2018 年 1—4 季度 GDP 同比增速分别为 0.71%、0.11%、1.26%、1.06%，远低于印度经济发展速度；2018 年，尽管巴西经济实现连续第二年增长，但复苏仍较为缓慢，1—4 季度 GDP 同比增速分别为 1.22%、0.91%、1.27%、1.08%，如图 1-8 所示。

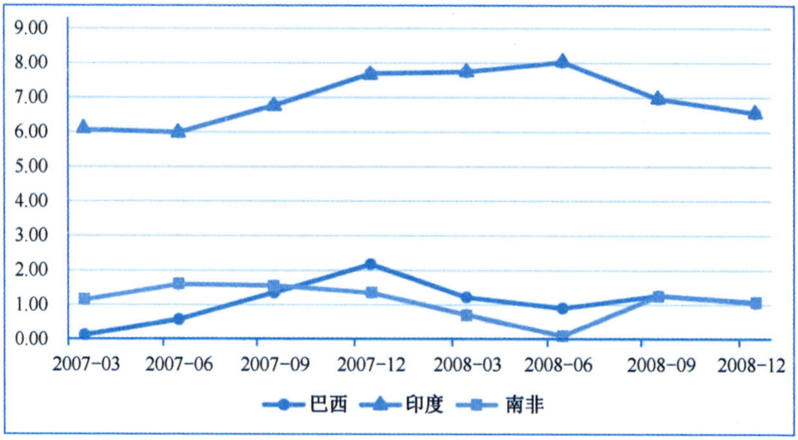

图 1-8　2017—2018 年新兴经济体部分国家当季 GDP 同比增速（%）

（数据来源：Wind 数据库，2019 年 3 月）

从采购经理指数（PMI）来看，2018年，2—6月南非制造业PMI均在荣枯线以上，其他时间PMI均低于荣枯线，并于2018年10月份创下近两年以来的最低值，下半年整体呈下滑趋势；印度制造业PMI波动较为明显，于2018年11月份达到年度最高值54；巴西年初PMI达到53.4，6月份跌到年度最低值49.8，整体较2017年有所好转，如图1-9所示。

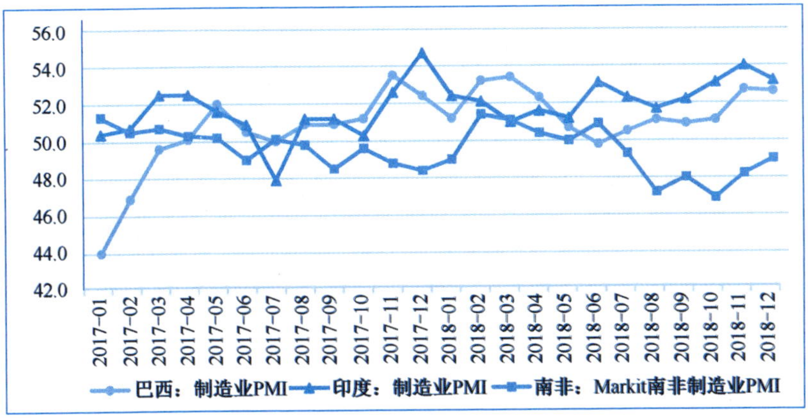

图1-9 2017—2018年新兴经济体部分国家制造业PMI

（数据来源：Wind数据库，2019年3月）

三、世界贸易整体下滑

受保护主义抬头等因素影响，国际贸易作为世界经济增长的重要动能，2018年表现不佳。国际货币基金组织预计，2018年全球货物贸易量增长3.9%，远低于2017年5.1%的增速。荷兰国际集团报告甚至预测，2018年全球货物贸易增速将降至2.6%，再次低于全球经济增速。联合国贸易发展会议报告显示，主要受美国税改推动其跨国公司利润回流影响，2018年上半年全球直接投资同比下降41%。2018年1—5月，美国、日本出口贸易整体呈增长态势，之后开始呈下滑趋势。欧盟19国商品出口贸易波动较大，2018年3月份出口贸易增速回落至年度最低值-3.1%，随后经过几个月的波动于10月回升至年度最高值11.1%，如图1-10所示。

四、劳动力市场持续改善

2018年全球就业状况总体稳定（见图1-11）。2018年1—12月，美国失业率为3.7%~4.1%，相较于2017年有所降低，2018年9月和11月美国失业率低至3.7%，就业状况得以改善；2018年1—12月，日本失业率为2.3%~2.6%，整体低于2017年失业率水平；同期，欧元区失业率为7.8%～8.6%，失业率从1月份的8.6%不断降低到12月的7.8%，欧元区国家就业状况有所改善。

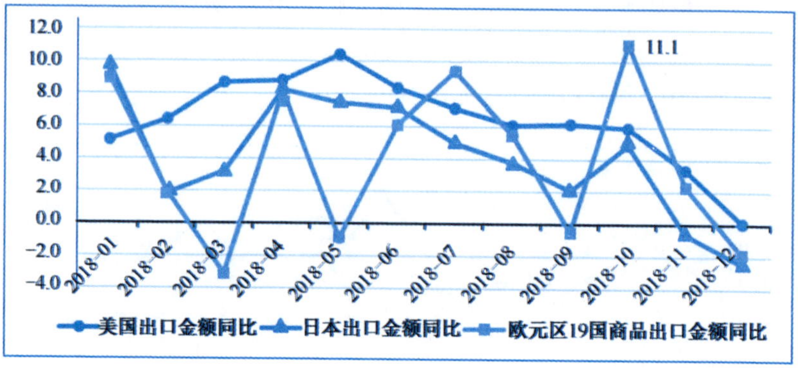

图1-10　2018年欧、美、日出口贸易同比情况（%）

（数据来源：Wind数据库，2019年3月）

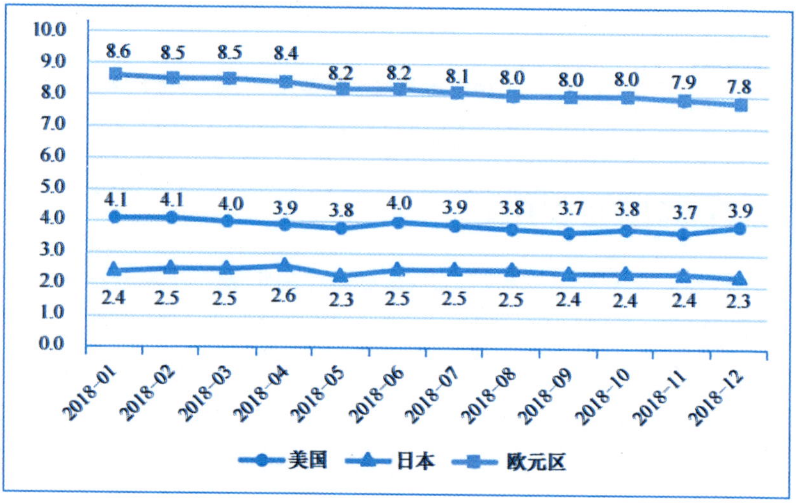

图1-11　2018年欧、美、日失业率（%）

（数据来源：Wind数据库，2019年3月）

第二节　中小企业发展的国内环境

一、我国经济发展稳中有进

2018年，我国国内生产总值较2017年增长6.6%，总量突破90万亿元，在高基数上总体平稳，稳中有进，我国经济运行增速保持在合理区间。

消费方面，2018 年 1—2 月，我国社会消费品零售总额同比增长 9.7%，略高于 2017 年同期水平，3—5 月份呈下滑态势，尽管 5—9 月社会消费品零售总额当月同比增速有所回升，但是四季度整体呈下滑趋势，全年 3—12 月份社会消费品零售总额同比增速均低于 2017 年，内需不足的困局依然存在（见图 1-12）。

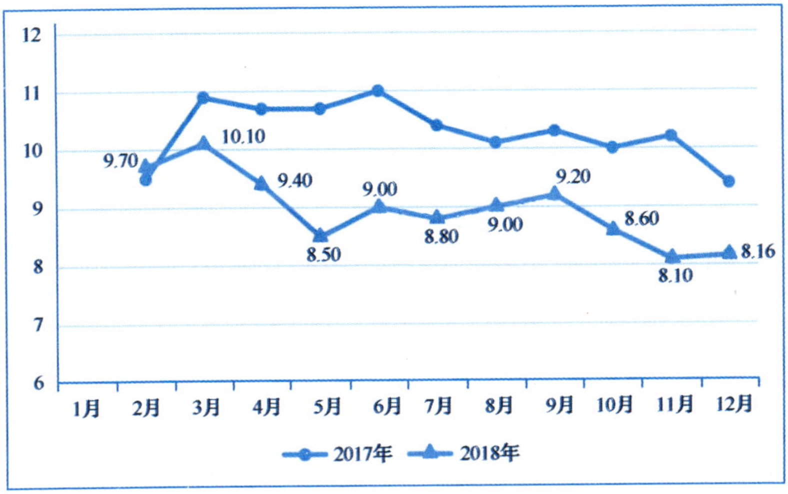

图 1-12　2017—2018 年我国社会消费品零售总额当月同比（%）

（数据来源：Wind 数据库，2019 年 3 月）

投资方面，2018 年，我国民间固定资产投资 394051 亿元，占全国固定资产投资（不含农户）的比重为 62%；增速明显回升，全年同比增长 8.73%，较 2017 年提高 2.73 个百分点（见图 1-13）。2018 年 5—12 月，我国民间固定资产投资保持增长态势，民间投资动力增强。

2018 年，我国制造业采购经理指数 5 月升至 51.9 的水平，12 月回落至 49.4 的水平，相对于 2017 年发展状况，2018 年我国制造业 PMI 有所下滑，如图 1-14 所示。

二、营商环境不断改善

世界银行所发布的《2019 年营商环境报告》显示，中国的排名由 2017 年的第 78 位上升到第 46 位，提升了 32 个名次，反映出我国营商环境持续改善。

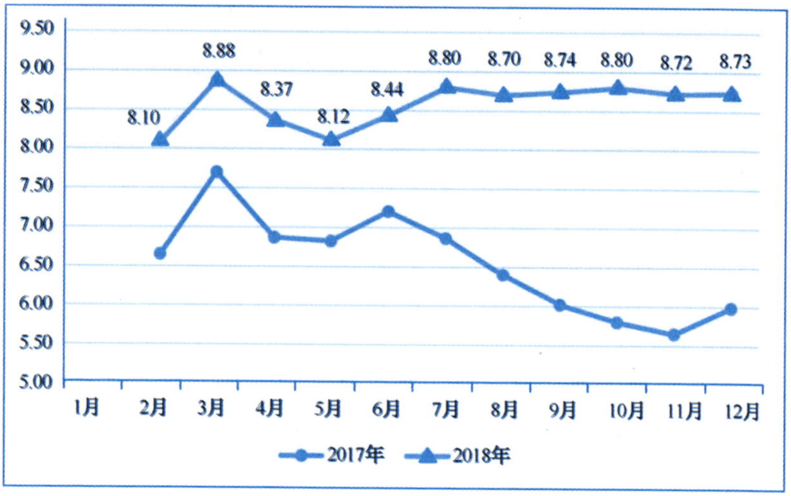

图 1-13　2017—2018 年我国民间固定资产投资累计同比（%）

（数据来源：Wind 数据库，2019 年 3 月）

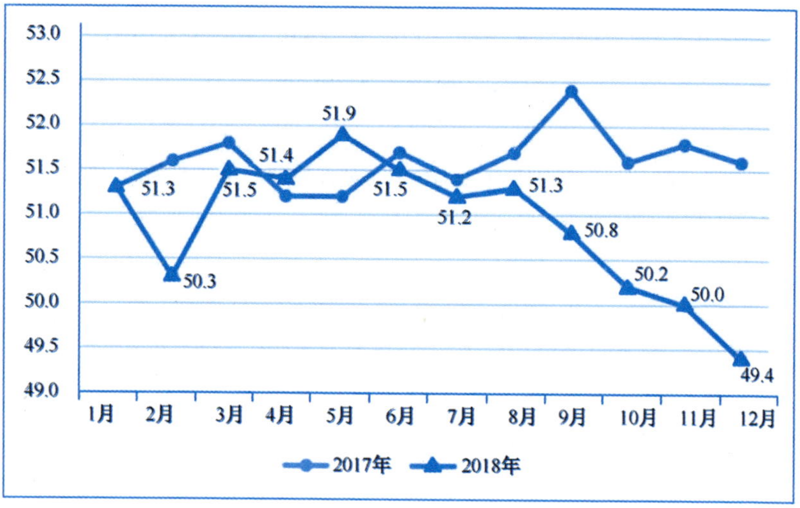

图 1-14　2017—2018 年我国制造业 PMI

（数据来源：Wind 数据库，2019 年 3 月）

在市场准入方面，2018 年年底，经中共中央、国务院批准，国家发展改革委、商务部发布了《市场准入负面清单（2018 年版）》，标志着我国全面实施市场准入负面清单制度，负面清单以外的行业、领域、业务等，各类市场主体皆可依法平等进入。该项举措有利于激发市场主体活力，对各类市场主体一视同仁，实现规则平等、权利平等、机会平等。

商事制度改革方面，国家取消一批行政许可事项，“证照分离”改革在全国推开，开办企业的时间被大幅压缩，工业生产许可证种类压减三分之一以上。“双随机、一公开”监管全面实施。2018 年前三季度，全国新设市场主体 1561.6 万户①，平均每天新设 5.72 万户；新设企业 501.2 万户，平均每天新设 1.84 万户，快速攀升的市场主体数量反映出商事制度改革激发了中小企业极大的活力。

三、政策环境持续优化

新修订的《中小企业促进法》进一步优化中小企业营商环境。新修订的《中小企业促进法》在专项资金、中小企业发展基金和税收优惠政策等方面规范了财税支持的相关政策；围绕宏观调控、金融监管、普惠金融、融资方式等层面多措并举，全方位优化了中小企业的融资环境；在收款权益、涉企收费、现场检查等方面增设了保护中小企业合法权益的内容。

减税降费举措激发中小企业发展新动能。2018 年，国家下调增值税税率，扩大享受税收优惠小微企业范围，出台鼓励研发创新等税收政策，降低部分政府性基金征收标准。全年为企业和个人减税降费约 1.3 万亿元。

针对融资难、融资贵的问题，中共中央办公厅、国务院办公厅印发了《关于加强金融服务民营企业的若干意见》，提出要加大金融政策支持力度，着力提升对民营企业金融服务的针对性和有效性。中国人民银行先后四次降低存款准备金率，多措并举缓解民营和小微企业资金紧张状况，融资成本上升势头得到初步遏制。原银监会发布《关于 2018 年推动银行业小微企业金融服务高质量发展的通知》，在继续监测“三个不低于”、确保小微企业信贷总量稳步扩大的基础上，针对单户授信 1000 万元以下（含）的小微企业贷款，提出“两增两控”的新目标。

① 数据来源：市场监管总局发布的《2018 年前三季度全国市场环境形势分析报告》。

第二章

2018 年中国中小企业发展整体情况

第一节　2018 年中国中小企业发展状况

一、我国小微企业发展基本平稳

根据“经济日报—中国邮政储蓄银行小微企业运行指数”报告，2018 年，我国“小微企业运行指数”略有波动（见图 2-1）。具体而言，2018 年 1 月、3 月、4 月以 46.8 的水平实现当年最高水平，上半年整体运行状况好于 2017 年；2018 年下半年开始下滑，7 月、11 月以 46.3 的水平实现当年最低。

2018 年 12 月份，小微企业运行指数为 46.5，较 2018 年 11 月上升 0.2。从各分项指标指数来看，呈现“七升一降”态势。其中，市场指数为 43.6，上升 0.2；采购指数为 45.8，上升 0.3；绩效指数为 45.9，上升 0.1；扩张指数为 46.0，上升 0.2；信心指数为 49.5，上升 0.1；融资指数为 49.3，上升 0.1；风险指数为 52.6，上升 0.2；成本指数为 59.9，下降 0.3。

二、区域发展差异较为明显

根据“经济日报—中国邮政储蓄银行小微企业运行指数”报告，2018 年我国六大区域小微企业运行指数差异较大（见图 2-2）。具体而言，受制于经济发展等因素，东北、西北两大区域的小微企业运行指数较低，处于 42 ~ 44；西南、华北地区处于中等水平，小微企业运行指数处于 45 ~ 48；中南、华东区域小微企业运行指数相对较高，处于 48 ~ 51。

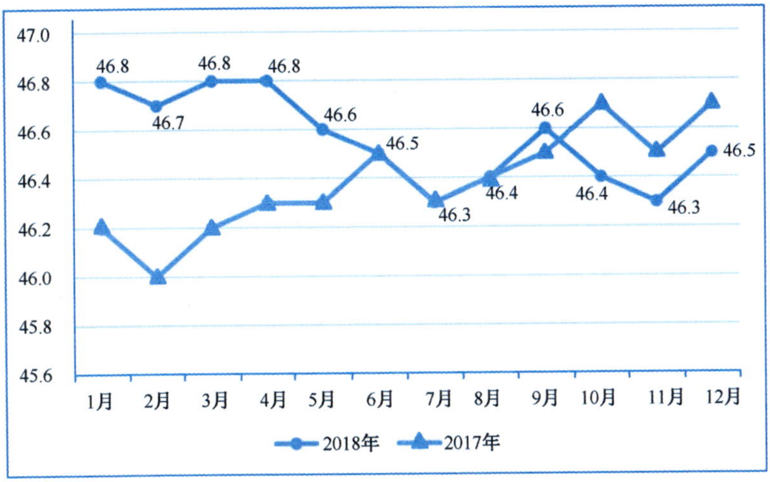

图 2-1　我国小微企业运行指数

（数据来源：经济日报，2019 年 3 月）

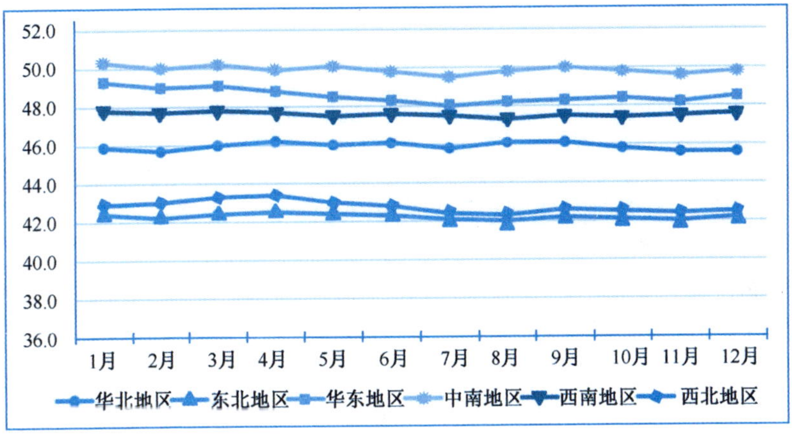

图 2-2　2018 年我国六大区域小微企业运行指数

（数据来源：中国经济网，2019 年 3 月）

第二节　2018 年中国中小企业发展存在的问题

一、中小企业经济活力有待进一步增强

在国际经济复苏缓慢、海外需求市场偏弱等因素影响下，中小企业内在经济活力不足。纵观 2018 年，大型企业 PMI（见图 2-3）均高于荣枯线，处于扩张发展阶段。中型企业、小型企业始终徘徊在荣枯线附近，反映出中小企业经

济活力释放仍存在较大空间。

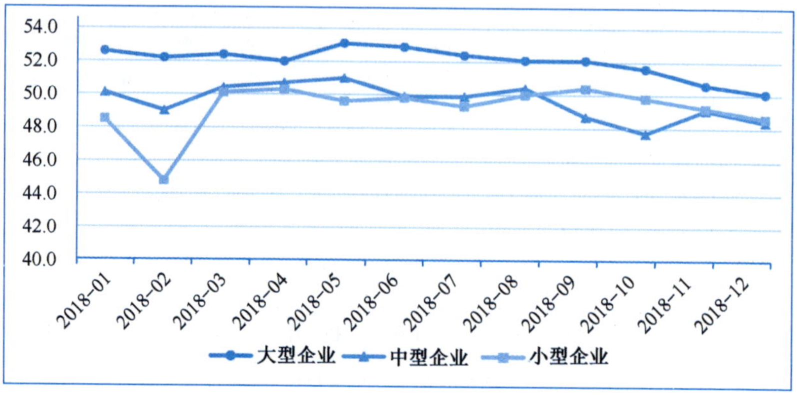

图 2-3　2018 年我国大、中、小企业制造业 PMI

（数据来源：Wind 数据库，2019 年 3 月）

融资难、融资贵、人工成本不断上升等各种制约中小企业发展的老问题依然存在。除此之外，社会保险费征收体制改革后续影响、中美贸易摩擦后续影响等新问题成为制约中小企业发展的重要因素，中小企业 PMI 围绕荣枯线上下波动的趋势依然存在。

二、实体经济疲软影响中小企业信心

实体经济活动各环节呈现疲软迹象，中小企业信心仍显低迷。渣打银行发布的中小企业信心指数（SMEI）显示，随着 2018 年春节过后企业经营活动恢复，2018 年 3 月，中小企业信心指数由 2 月的 54.5 上扬至 59.1；得益于进入销售旺季，2018 年 5 月的 SMEI 由 4 月的 58.0 升至 58.3。经过两个月的回落，2018 年 8 月该指标实现了小幅回升。但是，之后两个月该指数不断回落，2018 年 10 月回落至 54.4，与 2018 年 2 月持平，在 SMEI 的三个分项指数中“中小企业经营现状指数”降幅最大，由 2018 年 9 月的 56.8 降至 55.4。2018 年 10 月，“新订单现状指数”由 2018 年第三季度平均值 60.6 降至近 8 个月的新低 58.5。消费支出放缓、投资活动低迷和外需疲软将继续拖累中小企业的生产活动，导致中长期营商信心亦出现下滑。

另外，中国人民银行企业家问卷调查结果显示，我国企业国内外订单收缩趋势较为明显。2018 年前三季度，仅第二季度的国内订单及出口订单指数超过了 50%的水平线，而且，2018 年第三季度国内订单和出口订单较上季度分别回落 3.2、2.3 个百分点。在贸易保护主义不断升温及生产成本居高等内外因素叠加作用下，中小企业信心仍显低迷，2018 年第三季度企业家信心指数回落 4.7 个百分点。

三、中小企业外需增长空间受限

过去一段时间，在贸易保护主义不断升温的影响下，全球进出口贸易额出现大幅回落。在外需市场空间整体收缩的背景下，我国中小企业的商品出口也会因此受到影响。

近几年，发达国家市场占我国产品出口的较大比重。而美、欧、日等发达经济体制造业扩张幅度呈缩小趋势，发达国家经济增长乏力，造成我国中小企业产品的外部需求减弱。尽管我国对部分“一带一路”沿线国家和金砖国家等新兴市场的进出口保持快速增长，但新兴经济体发展不稳定，有可能使我国中小企业外需增长空间受到影响。在金融环境收紧、政治局势紧张等因素的叠加作用下，IMF 调低了对阿根廷、巴西、伊朗和土耳其等国的经济增速预期。从制造业 PMI 来看，新兴经济体制造业 PMI 波动频繁。2018 年下半年开始，虽然俄罗斯制造业 PMI 实现了大幅回升，并于 2018 年 9 月实现了扩张状态。但是受到美国对俄制裁、俄乌领土纠纷影响，俄罗斯经济进一步走弱的可能性将会加大；2018 年 6 月开始，南非制造业 PMI 大幅回落至荣枯线以下；2018 年前 10 个月中，巴西制造业 PMI 仅 6 月低于荣枯线，2018 年下半年呈现缓慢回升态势，然而未来依然存在增长的不确定性。这些国家和地区经济未来发展的不确定性在某种程度上将会对我国中小企业的外部市场空间造成负面影响。

四、中小企业政策获得感有待增强

党中央、国务院高度重视中小企业发展，从财政支持、税费优惠、营造公平竞争环境等多方面制定了系列政策举措，推动优化中小企业发展环境，但是，“政策落实一公里”的问题仍未完全解决，中小企业政策获得感仍有提升空间。一是政策信息获取费时、耗力。随着“放管服”改革的进一步推进，政策的公开透明程度大幅提升，政策信息发布渠道更加多样化，发布形式更加丰富，中小企业优惠政策的获取便利程度大幅提升。但是，中小企业政策分散在各个部门，政策信息发布在网页链接、微信公众号等，全面、及时地获取政策信息需要投入大量精力与人员。考虑到经营成本等因素，一些中小企业通常不设置专门的政策信息部门，仅安排几个专人负责该项工作，搜集到的政策信息有限，造成企业符合申报条件却不知道优惠政策、错过申报时间的现象时有发生。二是缺乏政策操作细则和办法。政策文件通常较为简洁，对申报流程、申报方式等内容仅进行初步规定，具体操作细节通过《操作手册》《操作细则》等文件另行通知。同时，也有一些政策文件对企业申请操作流程等规定不明确，也未出台具体操作性细则，企业在申报时只能通过电话咨询政府部门、聘请中介机构等方式操作，增加了企业申报时不必要的时间与财力投入。三是申报流程烦琐、申报材料繁多。个别政策申报环节多、申报表格比较复杂，导致企业申报优惠政策的积极性不高，政策效应尚未完全发挥。

专 题 篇

第三章

中小企业对外合作公共服务平台建设研究

第一节　中小企业对外合作公共服务平台建设的必要性

一、对外合作公共服务平台建设有助于解决信息不对称问题

国际政治经济形势日益复杂，我国中小企业“走出去”面临的传统安全因素和非传统安全因素相互交织，虽然中介机构、平台为中小企业提供了各类信息，缓解了中小企业对外合作进程中的信息不对称问题，然而这一问题依然存在，亟须对外合作公共服务平台为中小企业提供海外市场在政策信息以及法律等方面的信息，以缓解信息不对称问题。

（一）对外合作公共服务平台建设能够缓解政策信息不对称

当前，贸易保护主义抬头趋势不断显现，有些发达国家以国家安全、反垄断等为由，通过特定政令等形式对进出口贸易壁垒进行直接干预，例如，2017年7月17日，德国联邦内阁以维护“公共秩序和安全”为由通过了德国联邦经济部提交的《德国对外经济条例》第九次修正案，允许德国政府对外国收购进行更广泛的审查；2018年8月13日，美国总统特朗普签署了《外国投资风险审查现代化法案》，意在通过对涉及军工、通信等高新科技领域以及房地产领域的交易进行审查，实现本国经济及军事安全。而“一带一路”沿线聚集了很多战争和内乱突发频率较高的国家，其中以中东及北非、南部非洲、拉美、印

尼、俄罗斯、东南亚部分国家为典型。在中东和北非地区，集中了由宗教冲突、领土纠纷、族群矛盾、主权独立、资源争夺等一系列的战争和内乱风险，其中包括阿以长期冲突、阿富汗战争、伊拉克战争、苏丹内战、索马里内战以及伊朗核问题等。这些战争和内乱将可能直接引起中国企业在本地区投资项目的推迟、中断，甚至取消，还将面临人员伤亡和人身安全保障问题。可见，政策信息不对称容易对我国中小企业对外投资带来较大风险，亟须对外合作公共服务平台加大对海外市场的政治环境、政策准入、文化习俗等信息的收集、整理、分析和发布力度。

（二）对外合作公共服务平台建设能够缓解法律信息不对称

“一带一路”沿线国家的法律环境所带来的法律风险是企业投身“一带一路”建设必须高度警惕的问题。沿线很多国家法律与国际接轨程度较低，我国中小企业进入这些海外市场时将会面临较为陌生的制度环境，并可能引起严重风险。从目前来看，我国企业与沿线国家对外合作在税收、劳资关系、安全环保、招标程序、并购法律、国家安全审查、投资流程等方面都面临风险。比如印度虽然劳动力便宜，对于罢工权却较为保护；蒙古由于发展策略的变动，其吸引海外资本的法律曾进行过较大调整。除此之外，一些国家司法机关不独立、腐败严重，政策不透明，属于高风险国家。还有一些国家政府公信力较差，经常存在对国外企业的征收行为。因此，亟须对外合作公共服务平台为中小企业按照国别或地区差异提供法律方面的信息。

二、对外合作公共服务平台建设有助于拓宽合作渠道

中小企业对外合作离不开及时获取各种信息，但目前，绝大多数中小企业尤其是小微企业信息服务来源单一，主要依靠熟人或朋友相互介绍来获取信息。这种情况不可避免地造成信息不足、精确性不够等问题。虽然市场中存在着各种各样的专业服务机构，但大多数中介服务机构要价畸高，只有少部分资金实力雄厚的企业有能力聘请国际知名的中介服务机构满足其国外市场调研、项目可行性研究、政策法律咨询、专项人才引进等深层次服务的需求。海外市场投资环境差别很大，相关信息资源比较零散，缺乏权威的、固定的信息查询和咨询渠道，公共信息服务缺失导致的信息渠道不顺畅严重制约了我国中小企业国际合作机会的获取。而对外合作公共服务平台通过集聚海内外各类资源，能够实现需求方和服务方的全方位对接，从而为我国中小企业对外合作拓宽渠道。

三、对外合作公共服务平台建设有助于企业海外维权

我国缺少相应的境外维权服务机构，一旦中小企业在海外市场的合法权益受到损害，其利益很难得到有力保护，使得中小企业海外投资的热情大打折扣。虽然，近年中国企业海外诉讼获胜案件日渐增多，如三一重工集团投资开拓美国风电市场被叫停后成功维权，中兴、华为在美胜诉“337”调查，金龙集团在美打赢反倾销官司，但前商务部中国企业走出去研究中心专家顾问吴东华教授以及中国社会科学院世界经济与政治研究所张金杰研究员表示，中国企业海外维权成功的案例屈指可数，折射出中国企业海外维权之艰难。对外合作公共服务平台通过集聚国内外法律仲裁等领域的机构及企业，以及建立健全中小企业涉外法律顾问制度，可以帮助中小企业依法依规解决国际经贸争端，维护海外权益。

第二节　中小企业对外合作公共服务平台建设现状及趋势

一、中小企业对外合作公共服务平台建设现状

中小企业公共服务平台建设是推动中小企业健康发展的重要手段和途径。建立功能完善、信息畅通、资源共享、服务协同、具有较强社会影响力的中小企业公共服务平台，对改善中小企业发展环境、促进中小企业发展具有重大现实意义。我国自2011年开始实施中小企业公共服务平台建设以来，已取得重大阶段性成果，正逐步从投资建设过渡到运营发展阶段。工业和信息化部印发的《国家中小企业公共服务示范平台认定的管理办法》旨在贯彻落实国务院促进中小企业发展的政策措施，推动公共服务平台建设，支持中小企业全面健康发展。全国各地积极贯彻落实国家政策，并形成了1+*N*+*X*的网络服务体系，依托线上线下相结合的模式，有效地集聚了各类优质服务资源，在培训、信息、融资、技术等方面极大地满足了当地中小企业的发展需求。

为推动我国企业“走出去”，商务部设立了“走出去”公共服务平台，该平台主要提供了以下方面的服务：①针对国别（地区）差异，为我国企业提供了《对外投资合作国别（地区）指南》；②为“一带一路”沿线国家提供了相关资讯信息及我国与沿线国家间对外合作的统计数据；③为推动境外经贸合作区建设及发展，提供了政策法规及资讯信息，并梳理统计了当前通过确认考核的境外经贸合作区名录；④为加强我国企业境外安全风险防范，该平台提供了详尽的政策法规、安全管理指南、安全风险防范等信息；⑤为促进中外企业的投资合作，该平台为我国企业提供了投资合作发展报告、展会论坛、投资项目

信息库、国别投资经营状况便利化报告等服务；⑥政策法规及业务指南等其他服务。

地方政府也积极搭建对外合作公共服务平台，以提升本地中小企业对外合作水平。其中，浙江省在对外开放领域一直都走在全国前列。例如，浙江省商务厅主导搭建的浙江省对外贸易公共服务平台集聚了6000多名律师，主要为中小企业提供涉外法律咨询与服务，服务区域遍及英国、美国、德国、俄罗斯、加拿大、法国等地。还有很多地方积极建设了跨境电商公共服务平台，以推动本地中小企业“走出去”，不断提升本地中小企业对外合作水平。

二、中小企业对外合作公共服务平台建设趋势

中小企业对外合作公共服务平台数量快速增长。中小企业数量多、分布广，涉及行业广泛，是现代国民经济的重要组成部分，有着广泛的社会经济基础，因此不论是在发达国家，还是在发展中国家，中小企业的数量都占据着绝对的优势。国际化浪潮下，中小企业参与对外合作成为推动其发展的重要路径和举措。据海关总署统计，2018 年，我国民营企业进出口 12.1 万亿元，增长12.9%，占我国进出口总值的39.7%，比2017年提升1.1个百分点。其中，出口7.87万亿元，增长10.4%，占出口总值的48%，比重提升1.4个百分点，继续保持第一大出口主体地位；进口4.23万亿元，增长18.1%。2018年，我国民营企业对外贸进出口增长的贡献度超过 50%，成为我国外贸发展的一大亮点。因此，为推动更多中小企业参与对外合作，中小企业对外合作公共服务平台数量有望出现快速增长，以适应中小企业快速的国际化发展步伐。

除此之外，中小企业公共服务模式也将出现全面升级。日后，应创新中小企业对外合作公共服务平台服务模式，加强对互联网、大数据、云计算等新一代信息技术的应用，更加注重对中小企业个性化需求的满足。

第三节　当前中小企业对外合作公共服务平台主要建设思路及内容

一、主要建设思路

在国家相关政府部门的统筹规划下，通过我国与海外市场建设共赢的合作机制，建立政府和社会资本合作的混合所有制模式，整合中外各方优质的建设力量，以信息技术基础设施为依托，充分利用新一代信息技术，包含云计算、大数据、人工智能、区块链等技术，有步骤、有计划地建设中小企业对外合作

公共服务平台，并对其进行持续不断的迭代和优化，为中小企业对外合作提供更好更全面的服务。

中小企业对外合作公共服务平台建设旨在通过汇集全球各地经贸合作的相关政策信息、产业项目、专家库等专业信息资源，建成支撑各国产业合作、科技创新、园区建设的信息资源中心及公共服务体系，为企业开展国际产业合作提供政策信息、专家指导、项目合作、科技创新等资源信息服务，推动广大中小型科技创新企业积极融入全球产业分工合作，更好地利用全球资源和市场，加强产业全球布局和国际交流合作。因此，中小企业对外合作公共服务平台建设必须契合各国经济发展情况及产业发展方向，切实做好国内外资源对接，以应对海外国家法律法规不完善、资金支持力度不足、高端人才缺失、科技创新能力较低等方面的困难。

中小企业对外合作公共服务平台内容涵盖合作信息、产业资源、数字园区、人才培训、科技创新及支撑要素六大子平台，这些子平台之间相互关联，同时，每个子平台都包含线上线下两种模式，通过线上线下互联互通、互为补充的方式，实现联合推进的运作模式。除此之外，还需联合海外国家产业园区，共同遴选国际产业合作园区，着重开展云计算、大数据、人工智能、区块链等数字产业的国际交流与合作。

二、重点建设内容

（一）合作信息公共服务子平台

合作信息公共服务子平台需要针对不同的海外市场或区域汇聚海外市场的产业合作信息，实现企业、个人等用户合作需求、交付服务能力等信息的共享，帮助企业、服务机构建立合作连接，实现供需对接，使平台成为中外企业相互了解并加强合作的桥梁。同时，可定期为中外高新技术企业举办交流会，加强不同国家企业间的合作。

（二）产业资源公共服务子平台

产业资源公共服务子平台汇聚了海外市场优选的产业资源，在这个模块里，企业、服务机构等合作伙伴可以把面向海外市场产业领域的各种资源，如平台、孵化器、联盟、研究机构、园区、专业人才等，申请提交到优选的产业资源公共服务子平台中，成为行业示范资源，实现对资源的推介与合作对接。

（三）数字园区公共服务子平台

数字园区公共服务子平台是为示范园区（线下物理园区）专门配套提供的一项平台功能，主要工作就是为合作的园区机构对应建设和运营线上数字园区，通过面向海外国际大市场，依托平台的产业合作信息、产业资源，以招商为导向，直接配合园区机构更好地完成线下物理园区的招商引资引智工作任务，直接促进我国与海外市场产业园的建设运营和企业间的合作交流。

（四）人才培训公共服务子平台

人才培训公共服务子平台秉承“为中外国家高新技术企业服务”的宗旨，以提升中外国家高新技术企业从业人员素质、提高企业能力建设为核心，通过充分利用海外市场优质资源，借助线上线下相结合的方式，为中外高新技术企业提供综合管理人才。

（五）科技创新公共服务子平台

科技创新公共服务子平台是为全面提升中外企业科技创新能力而搭建的多功能科技协同创新平台。科技创新公共服务子平台以提升科技创新能力为目标，以建立共享机制为核心，以服务全民创业、企业创新和产业发展为根本，通过整合和优化科技创新资源，引导和服务国际科技协同创新。

（六）支撑要素公共服务子平台

支撑要素公共服务子平台专为中小企业对外合作公共服务平台提供相关支撑服务，涵盖政策、法律、仲裁、产品标准认证等内容，旨在为中外企业合作提供良好的环境。

第四章

中小企业融资服务体系发展研究

第一节　研究背景

一、执行新修订《中小企业促进法》的必然要求

2018 年 1 月 1 日，实施的《中小企业促进法》（修订）高度重视中小企业融资服务体系发展问题，设立了“融资促进”专章，规定了 11 条专项条款，首次将“融资服务体系”从“公共服务体系”中独立出来，与“公共服务体系”并列，“融资服务体系”成为《中小企业促进法》（修订）中明确规定必须执行的工作内容。开展中小企业融资服务体系建设研究，是贯彻落实《中小企业促进法》的必然要求，也是推动完善中小企业融资服务体系的必要前提。

二、融资供给充足与企业感受背离折射出服务缺位

当前，我国金融市场的资金供求面临着整体流动性供给相对充足与中小企业融资难、融资贵共存的困局。一方面，大量充裕的社会资金难以找到合适的投资项目，甚至许多政府性投资基金实际到位投资率相对较低，大部分资金处于闲置状态，很难进入实体和中小企业。另一方面，由于缺乏足够的合格抵押品、经营风险大等因素，中小企业融资难、融资贵等问题依然存在。宏观的流动性供给充足与中小企业融资难、融资贵并存的矛盾在一定程度上反映了融资服务难以有效进入融资活动的现状，是有效融资服务缺失在资金流层面的具体表现。

三、融资服务体系认知差异制约服务工作开展

目前，国内有关中小企业公共服务体系及融资服务体系的研究文献尚不多见，对中小企业融资服务的认知仅局限于中介机构服务的具体内容，对中小企业融资涉及政府行政部门、金融机构、中小企业等相关主体的角色及行为表现的研究尚未涉猎，亟须理清各相关主体在融资服务中的角色定位及行为方式，合理设定各主体间的相互关系，形成有机的统一整体。

四、健全融资服务体系可以提高中小企业融资效率

宏观流动性充足与中小企业融资难、融资贵并存的矛盾背后，彰显中小企业融资服务有效供给的不足，短缺的融资服务供给很难弥补供求双方的信息鸿沟。开展中小企业融资服务体系研究，构建完善中小企业融资服务体系，可以使政府行政主体内的部门间关系更加协同，可以充分调动各类社会服务资源参与融资活动的积极性，最大限度地发挥政府行政主体与融资服务主体的合力作用，高效推动融资服务进入融资活动，熨平融资供求双方的信息鸿沟，进一步提高中小企业融资效率。

第二节　研究思路与方法

一、概念界定

中小企业融资是指各类金融机构根据资本规模、偿债能力、财务规范等融资特点为中小企业提供的定制化系统融资解决方案，企业筹集资金用于解决企业生存与发展问题，并承担相应的本息偿还或股利分红责任。

中小企业融资服务是指政府行政主体和融资服务主体为中小企业融资活动提供有偿或无偿的劳动，帮助中小企业提高融资效率的行为。中小企业融资服务体系是指以优化中小企业融资环境为目的，以提高融资供需匹配、提升中小企业融资能力、减少供需信息不对称等为手段，中小企业、政府、金融机构和中介服务组织共同参与、角色匹配合理、行为相互协同的有机统一体。

二、研究方法

中小企业融资貌似是一个微观问题，但离不开宏观视角。研究中小企业融资服务问题也需要在宏观融资环境背景下考察相关各方角色定位及行为方式之间相互作用、相互影响的机理，进而寻找推动各方关系协同的科学机制。基于上述思考，本课题研究采用主体要素分析法，对涉及融资服务的各要素主体进

行全面、深入、客观的分析。

主体要素分析法是以中小企业融资服务涉及的不同主体为切入点，按照一定逻辑顺序层层递进深入分析的研究方法。本文采用主体要素分析法，依据中小企业融资服务涉及各相关主体所扮演的角色及其相互关系，借助供求模型，从宏观、中观、微观三个层面分析政府行政主体、融资供给主体、融资需求主体和融资服务主体的角色属性、行为方式及其目标诉求实现的主要因素。

三、研究思路

立足中小企业融资服务现状，本课题研究旨在通过系统梳理我国中小企业融资服务体系现状，借助主体要素分析框架，系统分析融资服务进入中小企业融资存在的主要障碍和困扰，并针对性地提出构建中小企业融资服务体系的思路和对策，为构建完善中小企业融资服务体系提供理论依据。

第三节　当前我国中小企业融资服务体系现状

一、政府行政主体

（一）融资服务规则制定者

1. 中小企业主管部门

一是组织修订《中小企业促进法》，推动促进中小企业发展工作有法可依。作为中小企业的主管部门和促进中小企业发展的宏观指导部门，工业和信息化部组织新修订了《中小企业促进法》，并于 2018 年 1 月 1 日开始实施。作为促进中小企业发展工作的纲领性文件，新修订的《中小企业促进法》奠定了各级政府开展促进中小企业发展工作的基石，为推动中小企业融资服务工作奠定了坚实基础。

二是建立部际联席会议制度，推动中小企业融资政策协调。2018 年 6 月，国务院决定调整“国务院促进中小企业发展工作领导小组”并继续把办公室设在工业和信息化部，通过召开“促进中小企业发展工作部际联席会议”，加强对财政、科技、工商、商务、海关等部门有关中小企业融资政策的协调工作。

三是编制“促进中小企业发展五年规划”，指导各地推动中小企业工作的开展。2016 年 6 月，工业和信息化部编制并正式发布了《促进中小企业发展规划（2016—2020 年）》，指明了未来五年中小企业工作以提质增效为中心，以提升创业创新能力为主线，以推动供给侧结构性改革为抓手，以优化发展环境为目标，加强融资服务指导，为全面推动中小企业融资工作奠定了主基调。

四是推动完善中小企业政策性信用担保体系建设，落实有关财税政策，加大对担保机构的支持力度。设立国家中小企业融资担保基金，实施中小企业信用担保业务奖补，推动北京、山东等 6 省市代偿补偿资金有效运用，协调推动在更多省市建立代偿补偿资金，进一步完善担保机构资本金注入机制。

五是委托第三方开展中小企业融资政策落实效果评估，加强政策制定、落实、执行效果等关键环节的研究和融资政策储备，提高融资政策措施的精准性、有效性和可操作性，推动中小企业融资政策落实，进一步优化中小企业融资环境。

六是构建中小企业信用监测体系，引导中小企业信用监测工作健康发展，优化中小企业融资信用环境。例如，浙江省以小微企业信用评级为切入点，解决重点培育小微企业和银行之间的信息不对称，帮助企业解决融资难问题。2018 年 1—9 月，浙江省共完成了 649 家小微企业的信用评级，累计为 6323 家小微企业完成信用评级，帮助完成信用评级的 115 家企业获得中国邮政储蓄银行综合授信和贷款共计 9.29 亿元，减轻了小微企业融资过程中的相关费用负担。

2. 金融监管部门

一是制定融资监管政策，督导融资供给主体扩大中小企业融资供给，降低融资成本，提升融资效率。2018 年，银保监会对商业银行小微企业贷款指标考核由贷款增量和增速的“两个不低于”，以及贷款增速、户数和申贷获得率的“三个不低于”，调整到“两增、两控”考核目标，要求商业银行在当年信贷计划中单列小微企业贷款计划，不得挤压挪用，进一步强化扩大小微企业融资供给的要求。截至 2018 年年末，全国小微企业贷款余额 33.49 万亿元，占各项贷款余额的23.81%。其中，普惠型小微企业贷款余额9.36万亿元，比年初增长21.79%，比各项贷款增速高 9.2 个百分点；贷款户数 1723.23 万户，比年初增加455.07 万户，实现了此类贷款增速不低于各项贷款增速、贷款户数不低于上年水平的“两增”目标。

二是推进小微企业信贷专营机构建设，丰富小微企业信贷供给渠道。2017年，银保监会开始牵头推动大中型商业银行建立普惠金融事业部，强化小微企业信贷专营机构的组织体系、政策制度、管理技术、资源供给和产品服务等内部体制机制建设；支持开发性、政策性银行以批发资金转贷形式，加强与商业银行合作，共同推动扩大小微企业融资业务；督促地方性法人银行坚定服务地方经济和小微企业的功能定位，鼓励农村商业银行、农村信用社等重点向县域和乡镇等地区延伸服务触角，扩大服务覆盖面。截至2018年年末，大多数银行设立了小微业务专门部门或专营机构，其中股份制银行共设立 5147 个小微支行、社区支行。

三是建立了小微企业信贷统计监测制度，推动降低小微企业融资成本。经初步统计，截至 2018 年 12 月末，五大行加中国邮政储蓄银行，2018 年第四季度新发放普惠型小微企业贷款利率比 2018 年第一季度利率降低了 1 个多百分点，整个银行业小微企业信贷成本都在降低，降低小微企业融资成本的社会效应逐步显现。

四是制定银行业小微企业金融服务规范，严格贯彻落实“七不准”“四公开”等服务要求，对以贷转存、存贷挂钩、以贷收费等不规范经营行为加大检查和处罚力度，推动小微企业融资成本降低。

五是鼓励银行等金融机构开展产品和业务模式创新，提高金融服务效率。推广续贷业务创新，对流动资金贷款到期后仍有融资需求的小微企业，支持银行提前按新发放贷款的要求开展贷款调查和评审，办理续贷，完善了贷款风险分类的办法，推动降低企业资金周转的过桥成本。引导银行业金融机构加强与互联网、大数据、人工智能的深度融合，充分运用手机银行、网上银行等新渠道，利用信息技术手段优化信贷技术和流程，提高服务的便利度和风险管理的效率。

六是放宽小微企业贷款不良容忍度、推动建立小微企业贷款尽职免责等差异化监管政策和措施，突出激励引导。对单户授信 500 万元以下的小微企业适用优惠的风险资本权重，这样银行可以释放一定的资本金，能提高对小微企业支持的能力。另外，对小微企业不良贷款明确监管容忍度，并出台了授信尽职免责的指导性文件，激发银行做好小微企业金融工作的内生动力。支持商业银行发行专项金融债募集资金，专门用于发放小微企业贷款。

七是加强政府部门间联动，形成了政策合力。银保监会与税务总局、市场监管总局合作，建立“银税互动”合作机制，解决信息不对称的问题，支持银行利用税务信息、工商年检等信息创新小微企业信贷产品，提高授信审批、风险预警、贷后管理等方面的金融服务效率。截至 2018 年年末，银行系统通过“银税互动”信贷产品发放的小微企业贷款余额 2799.89 亿元，其中信用贷款余额 1160.94 亿元，较 2018 年第一季度末增长 98.02%，有力支持了小微企业“以税促信、以信申贷”。

八是实施定向降准、增加再贷款和再贴现额度等措施，引导银行业金融机构加大对民营和小微企业融资支持力度。2018 年第三季度以来，中国人民银行先后实施了三次定向降准，支持银行业金融机构扩大对小微企业信贷资金投放额度，将小微企业信贷指标纳入宏观审慎考核评估（MPA）体系，推动实施民营企业债券融资支持工具，多措并举，为中小企业提供融资支持。

（二）政策性金融供给者

1. 中小企业发展基金

中央财政支持设立总规模为 150 亿元的国家中小企业发展基金母基金，重点支持种子期、初创期成长型中小企业创新创业发展。截至 2018 年 12 月末，国家中小企业发展基金实体子基金已完成投资项目 208 个，累计投资金额 60.5 亿元。2018 年前 11 个月，规模以上中小企业工业增加值同比增长 6.8%，增速高于整体工业 0.5 个百分点。

2. 国家中小企业融资担保基金

设立国家中小企业融资担保基金，积极推动完善外部风险分担机制，引导地方财政出资建立了小微企业贷款风险补偿机制。2018 年，财政部发布了《关于进一步做好创业担保贷款财政贴息工作的通知》，并于 2018 年 8 月注册成立国家融资担保基金有限责任公司，首期注册资本 661 亿元，财政部持股 45.39%，协同省级融资担保和再担保机构，支持融资担保行业发展壮大，扩大小微企业融资担保业务规模，努力实现每年支持 15 万家（次）小微企业和新增 1400 亿元贷款的政策目标。

3. 中小企业融资担保业务奖补资金

设立中小企业融资担保业务奖补资金，引导地方支持扩大小微企业融资担保业务规模，降低融资担保负担，专注主业发展。财政部、工业与信息化部发布《关于对小微企业融资担保业务实施降费奖补政策的通知》：中央财政在 2018 年至 2020 年通过中小企业发展专项资金每年安排资金 30 亿元，采用奖补结合的方式，对扩大小微企业融资担保业务规模、降低小微企业融资担保费率等政策性引导较强的地方进行奖补。对符合相关奖补条件的省份分别给予 4000 万元、5000 万元、7000 万元和 9000 万元的资金奖补，支持各地通过直接补助、绩效奖励、代偿补偿等方式引导担保机构提供小微企业融资服务，切实提高小微企业融资担保业务效率和精准度。

4. 中小企业创业担保贷款贴息

实施中小企业创业担保贷款贴息政策，支持银行机构加大创业支持力度。2019 年 3 月，财政部发布《关于做好 2019 年中央财政普惠金融发展专项资金管理工作的通知》，进一步扩大贷款贴息的最高贷款额度限制，自 2018 年 11 月 16 日起，中央财政创业担保贷款贴息的最高贷款额度，个人由 10 万元提高至 15 万元、小微企业由 200 万元提高至 300 万元，同时允许各地适当放宽创业担保贷款申请条件，加大创业担保贷款贴息及奖补政策支持力度。

5. 地方政策性资金

地方政府设立政策性资金或基金，支持银行等金融机构开展中小企业金融服务，提高中小企业金融服务效率。例如，邯郸、承德、唐山等多地都成立了由政府和民间资本共同出资设立的银企帮扶“资金池”，支持企业在银行贷款到期、新的续贷资金没有下达之前的“断档期”的资金需求，维持企业资金链正常，解决企业贷款过桥资金短缺问题，以短期借款方式为中小企业提供短期资金周转。

（三）税收优惠措施执行者

1. 担保机构营业税、增值税减免

2009 年以来，工业和信息化部会同国家税务总局先后颁布了《关于中小企业信用担保机构免征营业税有关问题的通知》(工信部联企业〔2009〕114 号)、《关于公布免征营业税中小企业信用担保机构名单有关问题的通知》(工信部联企业〔2011〕68 号)、《关于公布中小企业信用担保机构免征营业税和取消免税资格名单的通知》(工信部联企业〔2014〕20 号)等对符合担保费率、放大比例等符合条件的中小企业信用担保机构予以三年免征营业税的政策优惠。2015 年，工业和信息化部会同国家税务总局颁布了《关于中小企业信用担保机构免征营业税审批事项取消后有关问题的通知》(工信部联企业〔2015〕286 号)，以及国家税务总局《关于中小企业信用担保机构免征营业税审批事项取消后有关管理问题的公告》(国家税务总局公告 2015 年第 69 号)对中小企业信用担保机构免征营业税事项取消后续管理做出明确安排。符合工信部联企业〔2015〕286 号文件规定免税条件的担保机构，可以按规定分别向所在地县(市)税务局及同级中小企业管理部门办理免征营业税备案手续，继续享受有关政策优惠。

2. 银行机构小微企业贷款税收优惠

降低合格银行机构税收。对完成“两增两控”考核目标的银行业金融机构取得的符合条件的小微企业和个体工商户贷款利息收入，免收增值税。

银行业金融机构发放涉农和中小企业贷款，按比例贷款准备金企业所得税税前扣除，金融机构与小微企业签订借款合同免征印花税。金融企业按照以下比例计提的贷款损失准备金，准予在计算应纳税所得额时扣除：①关注类贷款，计提比例为 2%；②次级类贷款，计提比例为 25%；③可疑类贷款，计提比例为 50%；④损失类贷款，计提比例为 100%。

2019 年，财政部、国家税务总局等四部门发布的《关于创业投资企业个人合伙人所得税政策问题的通知》进一步明确，创投企业可以选择按单一投资基金核算或者按年度所得整体核算，对其个人合伙人取得的创业投资收入按个人所得税计算应纳税额。该政策执行期限延长至 2023 年 12 月 31 日。

（四）融资公共服务提供者

推动开展“小微企业金融知识普及教育活动”等融资公共服务，广泛引入各类金融机构及高等院校、培训公司等融资服务机构，积极对接资源，助力小微企业提升金融知识水平和融资能力。例如，《工业和信息化部关于开展小微企业金融知识普及教育活动的通知》（工信部企业函〔2017〕381 号）要求，各级地方中小企业主管部门广泛开展小微企业金融知识普及教育活动，帮助企业全面了解市场金融状态，提升小微企业对金融产品和服务的认知能力和素养，了解融资的主要产品、方式、流程及相关政策，引导其合理选择金融产品和服务，提高风险防范意识，维护金融安全。

各地积极响应工业和信息化部号召，广泛开展形式多样的小微企业金融知识普及教育活动。例如，2018 年，保山市工信委组织太平洋证券投行部、中国电信等机构对中小微企业开展小微企业金融知识和信息化相关知识普及教育培训，帮助 100 多家参训企业负责人了解金融市场运行规律，掌握金融工具运用，适应金融产品交易规则。德宏州工信委组织泛亚国际众创空间、中国工商银行、中国建设银行、中国邮政储蓄银行等机构为云南和泰绿源农业科技有限公司等 34 家中小企业 42 人就融资政策和业务品牌、贷款方向和金融服务等相关金融知识开展普及培训。青岛市 2018 年印发了《青岛市小微企业金融知识普及教育活动实施方案》（青经信字〔2018〕26 号），搭建了小微企业金融知识普及教育培训课程体系，围绕财务管理与融资路演、信贷市场与企业信用建设、股权融资操作实务、企业挂牌与上市、创业与融资等五大培训模块对小微企业开展系统培训。2018 年全年青岛市开展各类融资培训 52 期，组织 30000 余家次企业参加。其中，结合培训开展融资路演、融资对接、融资顾问、专家咨询等服务活动 41 场，服务企业 2000 余家次。

（五）融资专项行动计划推动者

按照新修订的《中小企业发展促进法》，工业和信息化部中小企业局全面推进小微企业应收账款融资工作，支持中小企业应收账款融资业务发展。2018 年，工业和信息化部联合中国人民银行开展“小微企业应收账款融资专项行动”，发挥中征、中企云链等应收账款融资服务平台作用，扩大小微企业应收账款融资规模。

二、融资供给主体

（一）间接融资

1. 银行业金融机构

银行业金融机构是中小企业信贷融资最主要的供给主体，主要包括政策性银行、国有商业银行、股份制商业银行、城市商业银行、农村商业银行、农村合作银行、农村信用社、民营银行、村镇银行等银行机构和贷款公司、金融租赁公司、信托公司、企业集团财务公司等其他银行业机构。银保监会数据显示，截至 2018 年年底，银行业金融机构法人共 4588 家。截至 2018 年 11 月末，单户授信 1000 万元及以下的小微企业贷款余额 9.13 万亿元，比 2018 年年初增长 18.77%，比各项贷款平均增速高 6.89 个百分点；单户授信 1000 万元及以下、有贷款余额的小微企业贷款户数较 2018 年年初增长 29.65%。

财务管理公司、融资租赁公司和小额贷款公司等非银行业金融机构也是中小企业融资的重要资金供给者，为中小企业提供间接融资资金，对缓解中小企业融资难问题发挥了重要作用。截至 2018 年 11 月，全国信托公司数量近 350 家，比 2017 年年末增加了近 100 家，信托资金主要配置领域依然是中小企业，占信托公司新增资金规模的 38%，信托服务回归实体经济和中小企业呈现加速趋势。

2. 融资资金供给者

作为资金的借出方，银行等金融机构要通过组织和筹措资金，为中小企业提供经营发展所需的资金，是中小企业融资资金的供给者。

3. 融资收益享有者

作为资金经营者，银行等金融机构要通过资金融通业务实现经营收益，拥有中小企业融资收益的支配权，是中小企业融资收益的享有者。

4. 融资风险负担者

作为自负盈亏的法人实体，银行等金融机构还是中小企业信贷融资的最终风险承担者，承担中小企业因到期不能及时归还贷款本息所带来的一切损失。

（二）直接融资

PE/VC、产业引导基金等股权投资基金数量和资金规模稳步增长，有力支撑中小企业融资发展。据中国证券投资基金业协会统计，截至 2017 年 9 月底，我国已登记的私募股权、创业投资基金管理人 12352 家，较 2015 年 1 月末增长 189%；管理正在运作的基金 26107 只，较 2015 年 1 月末增加 549%；管理基金规模 6.48 万亿元，较 2015 年 1 月末增加 286% ；国家科技型中小企业创业投资引导基金、中小企业发展基金、国家科技成果转化引导基金和国家新兴产业创业投资引导基金等国家创投基金支持地方政府、民间机构共同发起设立创投基金 100 多只，管理资金规模超过 1000 亿元，有力地支持中小企业创新创业发展。

1. 融资资金供给者

作为股权融资的融出方，天使投资基金、产业引导基金等创投机构要通过发行基金份额等形式募集中小企业融资所需的资金，是中小企业融资资金的供给者。

2. 融资收益享有者

作为资金经营者，各类股权投资基金等金融机构要通过股权投资等方式实现经营收益，拥有股权投资收益的支配权，是中小企业融资收益的享有者。

3. 融资风险负担者

作为自负盈亏的法人实体，各类股权投资基金等金融机构是股权投资的最终风险承担者，承担中小企业因经营风险而可能发生的投资损失。

银保监会统计数据显示，截至 2017 年年底，我国信托公司、金融租赁公司和财务公司分别达到了 68 家、69 家和 247 家，为中小企业提供信托融资、金融租赁等服务。

三、融资需求主体

作为资金融入者，中小企业是中小企业融资服务体系的核心主体，是融资服务体系的直接受益者，是融资标的最终使用者。企业融资方式主要有两种，一是债务性融资，主要指通过银行获取银行贷款；二是权益性融资，主要指通过风险投资机构、上市等渠道融资。

（一）融资成本负担者

资金是一种资源，资源具有稀缺性，稀缺性决定资金的使用者需要负担成本，中小企业肩负融入资金到期还本付息或股息分红的责任。

（二）融资资金使用者

与负担融资成本的义务相匹配，中小企业拥有融入资金的使用权，可以根据企业经营发展实际需要，自由安排融入资金的使用方向、投资进度等。

（三）信用证明提供者

中小企业融入资金依法应履行到期偿还本息或分红派息的义务。作为资金融入者，中小企业成功获取融资资金的前提条件就是要让资金融出者相信其具有到期偿还本息或分红派息的能力，即要提供一定融资信用证明以说服资金融出者相信其具有到期还本付息或分红派息能力，确保融资不出现信用风险。

四、融资服务主体

中小企业融资关系到银行、担保公司等多方主体，涉及法律、财务、公正等多项专业领域，涵盖信用信息材料供给、贷款审批、合同签订、资金使用管理、分险增信服务等多个环节，融资过程十分复杂，专业化要求极高，亟须专业化中介机构专业的精细化服务。融资服务主体通过提供信息服务、管理咨询、财务指导、人才培训、分险增信等多种精细化专业服务，帮助中小企业普及金融知识，增强信用水平，降低融资供需之间的信息不对称，提高中小企业融资效率。

（一）融资增信服务提供者

担保公司、再担保公司、保险公司等增信服务机构开展中小企业贷款增信服务，帮助中小企业提高信用水平，增进融资效率。例如，担保公司和再担保公司为中小企业银行贷款提供担保服务，中小企业通过担保（再担保）公司担保可以有效地增加信用水平，提高银行贷款成功率。截至2017年年底，全国中小企业信用担保机构达到2721家，注册资金规模超过5212亿元，从业人员近5万人，当年新增担保余额1.20万亿元，当年新增担保64.48笔，当年新增担保户数53.12万户，其中个人和小微企业期末担保责任余额1.0万亿元，平均担保费率仅为1.9%，平均担保放大系数为2.68倍，有效地缓解了中小企业融资难问题。

（二）融资供求信息对接者

中小企业在获取融资信息方面存在障碍，最大的制约瓶颈是中小企业难以获取全方面、渠道广的融资信息，可供挑选的融资方式与融资产品十分有限。同时，银行等金融机构为了获得优质客户，通过互联网、电视等多种媒体扩大宣传，耗费大量市场交易成本。各种中小企业融资服务平台为供需双方信息协同共享提供了一体化的解决方案。中小企业借助融资服务平台可以筛选合适的金融机构、金融产品、融资方式、融资价格等，金融机构也可以通过融资平台推广融资产品、挖掘优质客户等。例如，上海证券交易所、深圳证券交易所、大连期货交易所、郑州期货交易所等代行政府中小企业融资服务职能的政府事业单位，为中小企业直接融资提供交易场所，降低中小企业融资交易成本，促成中小企业融资交易，提高融资效率。其中，中小板、创业板、新三板以及区域股转系统日益成为中小企业直接融资的主要渠道。截至2018年年底，深圳中小板上市中小企业达到928家，创业板上市中小企业达到744家，新三板上市企业11284家，进一步支持中小企业发展直接融资，有效地缓解融资难题。再如，中小企业应收账款质押融资平台、仓单质押融资平台、“金融超市”等各类中小企业融资对接服务平台，为中小企业间接融资提供银企对接场所和动产质押、增信等融资服务，降低中小企业融资市场搜寻成本，提高融资针对性和成功率。

（三）融资信息透明促进者

中小企业融资服务机构依托在征信、支付、数据、交易、信息技术等关键环节拥有的资源优势，构建互联网信用信息、数据交易、金融资产交易、融资信息对接、行业预警监控等基础信息平台，开展人工智能、区块链、量化投资、智能金融等前沿技术示范应用，增强中小企业融资信用信息透明度，提高金融服务便利性和融资效率。据《中国社会融资环境报告》调查，中小企业融资难易程度以及融资成本的高低与征信系统的效率密切相关。

例如，大公国际、东方金诚、联合资信、穆迪等国内外信用评级公司为中小企业开展评级认证服务，提高中小企业信用信息透明度，解决中小企业融资征信难问题，推动中小企业利用直接融资市场融资。

中征应收账款融资服务平台通过在线确认账款信息和电子签名，定向或广泛推送融资需求，提高业务操作效率，增强业务操作法律约束力，降低线下交易成本，拓宽融资渠道，提升融资效率。中征存货融资服务平台则基于对接仓储生产系统，有效聚集货主、仓储方和资金供给主体，实时传递货物质押指令，实时查看质押物状态，实时变更权属信息，有效缓解融资各方信息不对称等问题，全方面、多渠道促进现货质押、期权质押等动产融资业务的发展。

（四）融资风险分担者

担保公司、再担保公司、保险公司等服务机构开展中小企业贷款增信服务的同时，也要承担相应的中小企业融资风险损失，是中小企业融资风险的分担者。例如，安徽省构建“4321”风险分担模式，明确担保机构、再担保机构要分别承担中小企业担保贷款风险损失的40%和30%。江苏省政银保风险分担机制也明确要求担保机构承担一定比例的中小企业担保贷款风险损失。

（五）融资能力培育者

中小企业融资业务具有极强的专业性，需要专职人员和机构提供专业化指导。中小企业融资服务机构是融资过程中各种融资相关专业化信息咨询方案的提供者，是指导和提升中小企业融资能力的积极培育者。一方面，中小企业自身存在规模小、管理水平低、财务管理不善、信用度不足等多种特点，从银行获得贷款的难度较大；另一方面，中小企业金融知识缺乏，对融资渠道、融资流程等内容了解甚少，难以选择适合企业自身发展阶段、发展特点的融资方式和产品。中小企业融资服务机构通过提供风险诊断、财务管理咨询、上市辅导等专业融资服务，帮助中小企业选择合适的融资方式，提升融资成功率。例如，清华大学、浙江大学等高等院校与地方中小企业主管部门合作开展中小企业经营管理人才研修班，帮助经营管理人员提高财务管理、抵质押品评估、信用信息维护、融资合同签订等融资知识水平，增强中小企业融资能力，增进融资成功率。会计师事务所等中介服务机构通过提供代理记账、财务管理咨询、财务人员培训等专业化服务帮助中小企业健全财务制度、完善财务报表、增强融资能力。

第四节　当前我国中小企业融资服务体系面临的主要问题

一、融资服务方式创新性不足

一方面，直接融资市场创新相对迟缓，门槛较高，股权融资规模小，不利于中小企业融资主导地位作用的充分发挥。截至2019年2月底，主要针对中小企业上市融资的中小板和创业板上市企业仅为1678家，占中小企业总数的比重极低，绝大多数中小企业很难直接上市融资。近年来，我国创业风险投资发展迅速，创投机构数量目前约为 3000 家，但股权投资规模较小，绝大多数初创期、种子期小微企业很难获得股权投资。随着金融监管体制的国际化接轨，尤其是以“一行两会”为主的金融监管主基调的确立，进一步推动货币政策导向与金融监管制度的协调配合，倒逼各类金融机构不断创新服务方式，进一步降低创新创业企业上市门槛，丰富直接融资债务工具，充分发挥直接融资市场透明度高、融资风险分散、融资成本低廉的优势，创造更多贴近市场、中小企业特色鲜明的金融产品。加快完善科创板制度顶层设计，落实注册制改革，降低上市融资门槛，提高融资效率。

另一方面，创新融资方式发展严重滞后，中小企业融资有益补充的作用尚未充分发挥。保险资金、金融衍生品、供应链金融、产业投资基金等创新融资方式是中小企业融资的重要渠道，可以有效补充传统间接融资和直接融资的不足。当前，我国保险资金流向不合理，除了传统的银行存款、购买债券等有价证券、投资不动产，很难进入金融市场成为中小企业融资源泉。金融衍生品业务应回归助力中小企业熨平融资成本波动、锁定融资成本的内在功能，而不能沦为投机工具，进而丧失融资辅助手段的功能。基于产业链上下游的供应链融资尽管在部分核心企业和银行已有试点，但尚未成为上下游配套中小企业融资的主要模式，供应链上下游企业之间的信息流、资金流和物流等协同共享尚存诸多障碍，亟待进一步整合，推动供应链金融业务规模不断增长。产业投资基金发展相对滞后，非上市中小企业获得风险投资较难，导致中小企业融资主要依赖传统间接融资，融资资金使用期限短、限制多、稳定性缺乏等问题。

二、精准化服务供给力度较弱

金融服务精准化，是破解中小企业融资过程中信息不对称的重要手段，也是缓解中小企业融资难、融资贵的必然选择。当前，中小企业金融服务大多停留在金融知识普及教育、投融资对接会、路演、增信等基础性服务，而针对中小企业融资"短、小、频、急"特性的精准化融资服务供给相对不足，亟须进一步优化金融机构结构布局，加快推广运用新产品、新工具，积极改进服务方式，优化融资支持政策，增加融资规模，降低融资成本，拓宽融资渠道，广引源头活水，引导金融机构不断增加金融资源投放规模。

健全"政金企"融资对接机制，促进金融服务对接常态化、定制化和个性化，提高中小企业金融服务的针对性，消除金融服务与中小企业融资需求的结构性错配。进一步鼓励金融机构深入重点产业、特色产业园区和双创载体，建立常态化的金融服务对接机制，共享信息，充分发挥市场配置资源的双向选择功能，提高银行、证券公司、保险公司等各类金融机构资源的配置效率，推动金融资源流向中小企业，缓解融资难、融资贵问题。

三、政府部门间协同有待强化

缓解中小企业融资难、融资贵，是货币政策调控、金融监管、行业主管等相关政府部门共同施策目标之一，政策协同、信息共享是推动目标实现的重要途径。然而，当前政府部门在制定、落实中小企业融资政策过程中存在协同程度较差的问题，突出表现在部门之间涉企公共数据信息共享难、支持政策协调难等，进而导致中小企业融资政策获得感不高。一些政府部门往往基于自身工作惯例、落实便利程度、信息保护等方面的考量，对货币政策传导、融资监管执行、融资落实效果评价等缺乏统筹考虑，不同部门之间有关小微企业融资工作在信息统计口径、惠及范围、政策效果评估标准等环节存在较大差异，甚至出现反向传导的矛盾，不能形成政策合力，消减政策落实效果，背离支持中小企业融资的政策初衷。

四、金融产品针对性亟须提高

中小企业融资具有"短、小、频、急"的显著特征，与较大型企业融资在金融产品适应性、融资模式和融资渠道等方面截然不同，中小企业融资产品也应区别一般金融产品。然而，目前我国金融市场上针对中小企业融资特点的金融产品并不多见，金融产品创新趋同化现象严重，银行等金融机构对中小企业"不愿贷、不敢贷、不能贷"，造成融资供求不匹配、服务效率低下等诸多难题。

加强金融产品的针对性，一直是政府缓解中小企业融资难、融资贵的重要举措。2016 年 7 月，国务院常务会议明确提出，要“加强有针对性小微企业金融服务，缓解融资难融资贵”。2018 年 10 月，国务院金融稳定发展委员会再次聚焦民营和小微企业融资难、融资贵问题，要求在股权融资、银行信贷等方面开展适合小微企业融资特点的针对性金融产品创新和融资模式创新，切实缓解中小企业融资难、融资贵问题。

五、中小企业融资能力有待提升

一是中小企业持续性经营理念差，容易出现短期经营冲动。大多数中小企业缺乏长期发展规划，经济形势好时易于滋生盲目冲动，贪求“铺摊子”、上大项目等急功近利的现象严重。一旦外部经济环境变化，中小企业面临严重的资金压力，甚至导致资金链断裂，偿债能力急剧下降，很难从银行等渠道获得融资。

二是中小企业管理制度不健全，生产经营的稳定性差，融资风险高。中小企业产权关系不明晰，产权结构单一，难以形成有效制约机制。现代企业管理理念的缺失，中小企业普遍流行“家族式”管理，科学管理和决策机制缺位以及封闭性和缺失的激励机制对外部人才吸引力极其低下，创新能力不足，难以形成核心竞争力，生产经营极易受到外部经济环境的冲击。

三是中小企业信用水平低下，经营透明度差，信息不对称严重。中小企业主要集中在劳动密集型产业领域，盈利水平低下，没有独立的财产制度和规范的财务管理制度，导致中小企业融资过程中资产信用水平较低，普遍缺乏承担民事责任的能力。

第五节　构建中小企业融资服务体系路径

一、推动中小企业融资服务链条完善

一是进一步完善股权投资、债券融资、风险担保、信用评级、金融信息服务等直接融资服务链条，推进新三板、科创板、创业板、中小板、主板等多层资本市场体系健全，逐渐建立健全中小企业上市培育机制，不断加大对成长性好的中小企业的宣传培训、辅导、咨询等公共服务的支持力度，使更多中小企业在资本市场能够获得融资便利，进一步优化融资结构。建立完善小微企业融资“白名单”制度，丰富小微企业融资“白名单”库，形成中小企业融资正向

激励机制。推动完善小微企业融资“白名单”库与各类投融资机构的信息对接机制，使投融资机构与优质中小企业之间的合作通道畅通，加强联系沟通，促进中小企业直接融资成熟发展。

二是大力支持民营银行等中小银行发展，推动大型银行基本建立完善中小企业贷款专营机构或小微支行，进一步合理配置中小企业贷款供给机构数量、规模和结构，推动小微企业贷款尽职免责制度落实到位，引导商业银行提高小微企业贷款不良率容忍度，引导银行信贷资源流向中小企业的目标能够自觉实现。

三是鼓励中小企业融资公共服务平台迅速发展，支持开展“金融超市”、应收账款质押融资、存货质押融资等特色鲜明的中小企业融资服务创新，充分开发利用平台聚集的企业资源优势、信息资源优势、技术手段保障优势等为中小企业提供更加便捷、针对性强的融资服务，推动中小企业融资渠道更加多样化，支持应收账款质押、仓单质押等多种动产质押融资形式发展。

二、促进政府部门之间协同更加通畅

一是政府行政主体职能分工更加明确，部门监管职能与行业集中管理职能有机统一，融资政策制定过程中的协同效应能够充分发挥。财政部、中国人民银行、银保监会、证监会等涉企融资调控监管部门与中小企业主管部门在政策制定、执行和监督落实等过程中充分合作与配合，促使国务院有关信贷支持实体经济和小微企业发展的政策措施落实成效显著。

二是推进中小企业融资调控部门与监管部门之间的关系协调，充分放大宏观货币政策、财税政策与金融监管政策之间协同的政策合力，充分发挥政策传导因子正向效应，显著增强中小企业融资政策落实效果。进一步理顺财政部、中国人民银行等调控部门与银保监会、证监会和地方金融办等监管部门之间的调控与监管关系，加强政策制定、执行和落实过程中的沟通和协调，及时、有效消除融资政策之间负向传导因子，根除人为设置的附加条件等中小企业融资政策“肠梗阻”现象，不断扩大中小企业融资政策惠及面，显著增强中小企业融资获得感。

三是充分发挥国务院促进中小企业发展工作领导小组及办公室的协调作用，有效推进融资宏观调控部门、金融监管部门和中小企业行业主管部门等涉企政府行政主体之间协同关系，不断提升涉企政策信息和信用信息的集成共享水平。推进各级中小企业发展工作领导小组及办公室有关涉企融资政策制定、宣讲、实施过程及效果的统筹协调，统一中小企业融资政策宣讲、宣贯路径，通畅政策发布渠道，实现充分协同涉企政务信息、公用信息等涉企信用信息的统一归集和共享，使中小企业各项政策措施“找得到”“用得上”和“有效果”的目标普遍实现。

三、引导融资中介机构提升服务能力

一是充分发挥各级中小企业主管部门的指导作用，广泛动员投融资服务机构业务骨干、融资服务专家、融资服务平台运营机构融资服务骨干等多方参与制定中小企业融资服务规范标准，增强融资服务中介机构在服务团队建设、人员资质以及服务内容、流程、过程管理、绩效考核等方面规范指导的针对性、可操作性、可复制性，推动中小企业融资服务的规范化、标准化和模式化，有序开展中小企业融资服务典型案例征集工作，总结、推广和复制中小企业融资服务先进经验。

二是推进中小企业融资服务机构服务团队建设，健全业务培训机制，显著提升人员专业服务能力、水平、职业操守。推动中小企业融资服务机构运营管理稳健，健全服务团队建设机制，持续开展业务骨干培训等系列活动，合理配置服务人员学历结构、专业背景结构、年龄结构，规范管理服务流程，不断提升服务能力。

三是推动将中小企业融资服务机构的规范发展纳入地方相关政府部门职能范畴，财政资金以政府购买形式支持中小企业融资服务业务骨干培训等活动。

四、支持中小企业进一步增强融资能力

进一步提高中小企业金融知识普及程度，使中小企业主要负责人、财务管理人员获取金融知识普及教育渠道畅通，掌握基本金融知识，健全财务管理制度，提高信用意识，完善信用信息档案，提高融资能力。

第五章

中小企业高质量发展的知识产权研究

中小企业创新是推动社会进步、促进国民经济增长和夯实国家自主创新实力的重要力量。中小企业创造、运用、管理和保护知识产权的能力，直接决定了企业创新潜力，对增强中小企业创新实力、促进中小企业高质量发展和实现创新型国家战略具有重要意义。多年来，国家高度重视中小企业知识产权工作。2017 年，工业和信息化部与国家知识产权局联合发布《关于全面组织实施中小企业知识产权战略推进工程的指导意见》（国知发管字〔2016〕101 号）和《关于开展中小企业知识产权战略推进工程试点城市申报工作的通知》（国知办发管字〔2017〕30 号），共同确定了 20 个中小企业知识产权战略推进工程试点城市（含 35 个中小企业集聚的园区），把中小企业集聚的园区作为中小企业知识产权战略推进工程的重点实施单位，鼓励集聚区积极开展专利导航和运营工作，加大知识产权保护力度，提升知识产权管理水平，优化知识产权服务体系，大力培养知识产权人才，营造良好的知识产权环境，推动中小企业高质量发展。

第一节　相关概念与研究背景

一、知识产权的内涵界定及影响因素

（一）内涵界定

知识产权，也称为知识所属权，指权利人对其智力劳动成果享有的所属

权，该所属权并非长久有效，而具有一定的时效性。发明、专利、文学和艺术作品，以及在商业中使用的标志、名称、图像，都可被认为是权利人所拥有的知识产权。就其本质而言，知识产权是一种无形资产，但是，它与有形资产一样，同样受到国家法律的保护，而且，知识产权对经济发展、社会创新具有非常高的价值和贡献。

（二）影响因素

知识产权和创新密切相关。知识产权是创新成果的价值体现，技术创新和转化与企业发展存在至关重要的关系，而知识产权在该过程中起着非常关键的作用。创新是知识产权创造的源泉，因此对知识产权具有重要影响。进一步，创新主体、创新体系、创新环境等创新要素都会影响知识产权发展。

1. 创新主体

创新主体是具有创新能力，并将自己的创意成功付诸实施，全过程参与的人、机构或社会组织。

管理学大师熊彼特在创立其创新理论时指出，创新主体主要是指企业家，显而易见，熊彼特对创新主体的范围做出的界定过于狭窄。随着社会的快速发展，新兴技术、新兴业态层出不穷，创新领域也得以扩展，而创新主体的范畴也不断扩充。以创新主体在创新活动过程中的主体形式为视角，创新主体包含个体、群体和国家三类；以创新内容为视角，创新主体可以分为理论创新主体、技术创新主体、制度创新主体、文化创新主体等。在创新创业浪潮下，企业、高校和研究机构等机构或组织在创新过程中发挥了重大作用，除此之外，创客也成为我国的一大重要创新主体。

当前，创新主体一般通过研发、购买和模仿等方式推动创新行为的发展。通过不断加大研发投入，实现自主研发是创新主体最突出的表现行为。同时，创新主体还可以通过并购实现创新，借助于并购海内外拥有先进技术的企业，实现在短期内快速拥有海内外的先进技术，但是这种创新方式成本较高。近几年，我国不乏这样的案例，例如，联想收购 IBM、美的收购 KUKA 公司、浙江万丰斥资 3.02 亿美元收购美国焊接机器人应用系统服务商 Paslin 等，均是通过购买海外先进技术的形式实现自身创新水平的快速提升。还有很多企业或机构在对海外先进技术模仿的基础上，不断实现创新技术的自主研发。

2. 创新体系

20 世纪 90 年代，学者 Cooke 首次提出“创新体系”的概念，并对其概念进行了界定：创新体系是由在创新活动过程中相互关联的企业、研究机构、教育机构和金融机构等组成的一个完整、系统的体系。这些企业和机构存在相互分工，在相互作用时，就可以认为它们构成了一个创新体系。在创新体系中，企业、研究机构、教育机构和金融机构在创新活动中发挥着不同的职责和作用。创新体系中，构成元素的创新水平以及它们之间的相互作用方式均对整体的创新产出水平存在重要影响。创新体系是经济与可持续发展的引擎，是培养高水平专业人才、提升区域创新能力、加快经济发展的基础。因此，我国各地及中央政府都建立了各自的创新体系。

“十五”计划纲要首次提出“建设国家创新体系”的思想。中国科学院成立之后，政府部门、企业、高校以及地方政府均设立了科研机构。由此，在我国现代化建设进程中，我国的国家创新体系初见雏形。《国家中长期科学和技术发展规划纲要（2006—2020 年）》中指出：国家科技创新体系是以政府为主导、充分发挥市场配置资源的基础性作用、各类科技创新主体紧密联系和有效互动的社会系统。目前，我国基本形成了由政府、企业、科研院所及高校、技术创新服务体系四类组织或机构构成的创新体系。

3. 创新环境

20 世纪 70 年代初，“企业孵化器”的概念首次在美国被提出，之后，美国、英国、日本、意大利、法国、德国等很多在工业化领域发展先进的国家都围绕这一概念推出了不同的实施方案。但是，这些国家的科学院或科学城在实际发展过程中取得了不同的成绩，人们开始探索其成功或失败的原因所在。显然，这些科学院或科学城的成功与否与环境存在重要关系。1989 年，在巴塞罗那会议上，欧洲创新环境研究小组（Groupe de Recherche Europen sur les Milieus Innovateurs，GREMI）定义了一个新的空间发展理论模型——“创新环境（Innovation Milieu）”。从此之后，创新环境开始受到各国的重视。根据欧洲创新环境研究小组的观点，创新环境是培育创新成果、创新主体的场所，而企业则是创新环境的产物。创新环境中的众多因素会对创新水平产生直接影响，例如研发投入、与市场的紧密度、高素质人才占比等。企业应与创新环境中的其他主体保持紧密联系，以充分整合利用其他研究机构、高校、培训中心、技术转移中心等的有利资源，实现创新能力的提升。

创新环境主要是指某一特定区域内创新生产活动的经济社会环境，包括创新制度、基础设施和社会环境等。政府作为营造区域创新环境的引导者和调控者，主要是以支持和引导为主，通过制定和落实一系列优惠政策，推动人才流动，引导企业和社会增加研发投入，完善推动创新的税收政策、制度，并有效执行知识产权保护制度以及支撑高新技术产业发展等的政策，完善区域内基础设施建设，形成激励创新的公共服务环境，为创新活动提供完备的创新环境。

二、中小企业高质量发展的必要性

截至 2018 年年底，我国中小企业数量已超过 3000 万家，是我国实体经济的重要基础，也是促进经济发展、推动科技创新、缓解就业压力、优化经济结构、增进城乡市场繁荣的重要力量。推动中小企业高质量发展对于建设现代化经济体系、提高全要素生产率、增强我国综合国力具有重大意义。

从国内形势来看，我国中小企业长期以来形成的粗放型、低效率发展模式不可持续，需要高质量发展。改革开放以来，我国许多中小企业的传统发展模式以低劳工成本、高环境污染、低技术水平为特征，发展模式的可持续性受到挑战。随着我国经济不断增长，人口红利不断减少，以及高技术含量产品引进壁垒的提高，中小企业原有的低要素成本优势已不复存在，传统发展模式已走到尽头。近年来随着新技术、新平台、新业态的不断涌现，特别是新一代信息技术的飞速发展，倒逼我国中小企业转变发展模式，加快科技创新和转型升级，从高速度增长转向高质量发展。

从国际环境来看，复杂多变的环境促使我国中小企业加速向高质量发展转型。在国际合作中，我国的中小企业长期处于产业链低端，特别集中于制造、加工环节；而发达国家掌控着设计、销售等高附加值、高技术含量的环节。受中美贸易战等不利因素的影响，我国中小企业外贸市场前景严峻。在这种情况下，我国中小企业需要从风险低、收益低的“与发展中国家竞争、与发达国家合作”的模式，逐渐转向产品生产和服务的上游，生产方式逐步转变为风险高、收益高的“与发达国家竞争”模式，这就需要我国中小企业加速向高质量发展转型。

第二节　知识产权推动中小企业高质量发展的内在逻辑

一、知识产权与科技创新密切相关

一方面，知识产权是创新成果的产权化体现，是为创新保驾护航的重要保障，知识产权转化运用是创新成果实现市场价值的重要手段。

当前，知识产权成为世界各国在经济、科技实力以及综合竞争力等领域的竞争焦点。20 世纪 80 年代以来，西方发达国家为了巩固其在全球发展中的领先地位，纷纷围绕知识产权创造、管理、运用及保护四方面推出了重要举措。随着现代信息技术的发展，各国更加重视对知识产权的保护，知识产权保护范畴不断扩大，保护力度也随之增强。相对于西方发达国家，我国知识产权保护制度建立较晚，至今只有20多年的历史，仍不够完善。但是，我国政府将知识产权作为自身研发能力提升、经济发展方式转变、经济结构优化、国家竞争力提升的关键。在我国政府的重视下，知识产权在我国得到了快速发展，并形成了较为完整的知识产权保护体系。

近年来，我国知识产权在各方面都实现了快速发展。从知识产权数量来看，我国知识产权数量增速明显。国家知识产权局公布的数据显示，2017 年，我国发明专利申请量为 138.2 万件，实现了同比 14.2%的增速，共授权发明专利 42.0万件，其中，国内发明专利授权 32.7 万件，实现了同比 8.2%的增速；受理 PCT 国际专利申请 5.1 万件，实现了同比 12.5%的增速，其中，4.8 万件来自国内，实现了同比 12.5%的增速。随着“一带一路”倡议的贯彻落实，我国也开始重视在沿线国家的知识产权布局。2017 年，我国在“一带一路”沿线国家（不含中国）专利申请公开量为 5608 件，同比增长 16.0%。其中，在印度专利申请公开量为 2724 件，在俄罗斯专利申请公开量为 1354 件。从知识产权保护来看，我国对知识产权的保护力度也显著增强。2017 年，全国专利行政执法办案总量 6.7 万件，同比增长 36.3%。其中，专利纠纷办案 2.8 万件（包括专利侵权纠纷办案 2.7 万件），同比增长 35.0%；查处假冒专利案件 3.9 万件，同比增长 37.2%。总体而言，我国知识产权的平稳发展为自主研发创新能力的提升营造了良好环境。

另一方面，我国知识产权存在的不足也在一定程度上制约了创新能力的提升。相较于美、日等发达国家，我国知识产权尚存在诸多问题，例如，知识产权保护立法不完善、知识产权保护意识薄弱、知识产权人才培养体系不够完善等，不利于创新环境的优化，制约了我国对先进技术的研发，阻碍了创新水平的提升。国家知识产权局公布的数据显示，世界知识产权组织将技术划分为 35 个领域，我国光学、电机电气装置、音像技术、医学技术、运输、计算机技术等 6 个领域与国外差距较为明显，而且我国在 28 个技术领域中的有效发明专利数量在长达 10 年的时间内都少于发达国家。知识产权质量与国外发达国家的差距反映出我国与发达国家在创新方面的差距。

二、创新是中小企业高质量发展的第一动力

党的十九大报告提出“加快建设创新型国家”，明确“创新是引领发展的第一动力，是建设现代化经济体系的战略支撑”。创新驱动不同于原先以要素驱动、投资驱动为主的经济增长旧动力，而是通过技术进步实现劳动生产率的提高，是现阶段中国经济增长的新动力，是实现经济高质量发展的重要途径。

当前，我国依托创新驱动战略实现高质量发展仍须破解几大重要因素：①国家财政支持力度不到位，2017 年，教育支出在全国财政支出中的占比为 15.1%，成为第一大支出，而财政科学技术支出占全国财政支出的比重为 4.13%，与上年持平，与发达国家存在较大差距；②知识产权保护供需不匹配，虽然我国已制定《中华人民共和国专利法》与《中华人民共和国合同法》等相关法律，但随着新兴业态的不断发展，日新月异的科技与滞后的法律法规产生一定冲突，间接制约了创新发展进度；③企业研发投入不足，企业是创新的主体，但当前我国企业整体研发投入力度与发达国家差距较大；④企业家精神缺失，企业家精神是引领企业激发创新改革的重要活力，而我国大部分中小企业创新精神缺失，缺少对产品精益求精的坚持与积累，缺乏长远创新规划，企业稳定性和可持续性不足；⑤创新成果转化不畅，我国目前科技成果未能有效转换成现实生产力，严重影响了技术创新。

三、知识产权是推动中小企业高质量发展的有效路径

知识产权对优化产业结构、升级生产要素存在重要影响，而这两方面恰恰是高质量发展的重要内容，因此，知识产权对中小企业高质量发展的作用主要表现在两个方面。

（一）知识产权能够推动产业结构优化

转换新旧发展动能、优化产业结构是中小企业高质量发展的关键所在。当前，我国中小企业多集中于劳动密集型产业，低效甚至无效供给、部分产业附加值低等问题凸显，产业结构优化成为必然。知识产权是创新成果的产权化，知识产权的转化运用是中小企业高质量发展的重要基础和体现。一方面，知识产权能够引领产业转型方向，加快产业转型升级进程，是中小企业高质量发展的关键。另一方面，知识产权创造、运用及商业化的三个阶段为传统产业升级带来了机遇，为产业结构优化注入了新动力。同时，良好的知识产权环境有利于激发中小企业的创新活力，有利于吸引民间资本对中小企业创新的支持，推进产业结构优化。

（二）知识产权能够升级企业的生产要素

生产要素升级是中小企业高质量发展的基础。长期以来，中国制造业依靠廉价的生产成本实现了快速扩张，并在全球拥有了强有力的竞争优势。企业生产成本的攀升使我国企业竞争优势不断消失。中国中小企业协会发布的《2018年二季度中国中小企业发展指数》显示，成本指数由升转降。调查显示，94%的企业反映本季度采购成本同比增加或不变，较上季度上升 1 个百分点。在资源环境约束日益趋紧的现实背景下，生产要素升级成为中小企业高质量发展的必然选择。知识产权拥有高级生产要素的特征，相对于劳动力、土地、资本等传统生产要素，对生产率的促进作用更加显著。知识产权有别于传统的劳动力、土地、资本等生产要素，是创新成果的产权化，创新要素只有转化为知识产权要素，权益才能得到有效保护，才能真正成为企业发展的战略性资源和竞争力的核心要素。知识产权要素不受跨国流动的限制，通过知识产权的海外布局，通过国际专利申请、国际商标注册推广等方式，能够实现全球范围内生产要素的优化配置，升级中小企业的生产要素。

第三节　推动中小企业高质量发展的知识产权路径

一、完善知识产权制度供给

近几年，虽然知识产权所涵盖的内容不断扩展，但是随着新兴技术的发展、新兴业态的层出不穷，我国的知识产权所涵盖的内容有待及时更新，制度也应及时建立健全，以便从产权角度明确创新成果的产权，激发全社会的创新活力和动力，提升科技成果转化率，为中小企业持续创新提供动力，为中小企业高质量发展提供制度保障。

完善知识产权制度，首先要深化知识产权行政管理体制改革。其次要从知识产权创造、运用、保护、管理到服务的全链条制度安排角度，建立健全知识产权保护体系。通过知识产权的制度变革，为中小企业高质量发展创造良好的制度环境。

二、提升知识产权技术供给

知识产权为中小企业高质量发展提供有力的技术支撑。技术是企业进军国际市场的核心竞争力，而技术水平提升则需要借助于较高的研发投入力度。欧盟委员会发布的《2017 全球企业研发投入排行榜》显示，华为公司位列第六。具体而言，华为将每年 10%以上的销售收入用于研发，截至 2017 年年底，华为拥有从事研发的人员多达 8 万名，占华为总人数的 45%，接近一半的比重。受益于多年来高水准、大幅度的研发投入，华为在近30年的发展中一直保持着卓越的创新水平。然而，我国大部分中小企业实力较为薄弱、资金缺乏，难以实现高研发投入，从而形成了低研发投入—自主研发水平低—对先进技术依存度高—产品附加值低—利润空间缩小的恶性循环。

因此，我国中小企业应不断加大研发投入力度，为中小企业高质量发展提供技术支撑。为此应继续推进“中小企业知识产权战略推进工程”，加快中小企业对核心技术的突破；鼓励中小企业采取开放式创新、非对称创新，在不同的技术领域形成专利的有效布局，加快中小企业围绕中上游产业链培育知识产权优势；加快中小企业与高校、科研院所、大型企业开展协同创新，以市场需求为导向，加快技术创新成果转化应用，为高质量发展提供技术支撑。

三、加大知识产权运用供给

知识产权顺利转化为应用成果才能使技术创新转化为现实生产力。知识产权的转化运用是优化产业结构的关键，而产业结构优化是实现中小企业高质量发展的关键所在。正如美国、欧盟等发达国家高度重视知识产权密集型产业的发展一样，我国在推动中小企业高质量发展进程中也应着力推动知识密集型产业的发展，不断实现新旧动能转化。

一方面，要从数量布局转向质量取胜，加大面向市场需求的高价值核心专利创造。这是知识产权得以有效转化运用、促进产业结构优化的重要基础。另一方面，加快知识产权运营平台、运营中心建设，大力引进国外高水平知识产权运营机构。探索建设知识产权军民融合试点，探索建立知识产权军民融合产业化基地。推进知识产权金融创新，探索成立专业知识产权担保机构，建立知识产权质押融资扶持及风险补偿资金，引导民间资本开展知识产权投融资服务。鼓励开发和推广知识产权保险产品和新型险种。

四、增加知识产权产品供给

增加知识产权产品供给，有利于提高供给质量，优化供给结构。市场对技术含量高、品牌价值高的产品需求较大，但我国中小企业在高质量产品供给方面存在不足。知识产权产品以专利技术和品牌为核心，是供给产品质量提升的重要体现。以知识产权助推新产品开发，有助于增加终端产品附加值，提升中小企业盈利能力，从而加快中小企业从价值链的中低端向中高端迈进。

一方面，充分利用云计算、大数据等现代信息技术，加强对市场需求端的分析，实现以市场需求为导向的企业生产，提高中小企业产品的有效供给；另一方面，加大中小企业知识产权海外布局。应对当前贸易保护主义不断抬头的关键在于提高本国企业产品的技术含量，因此，知识产权成为出口产品的核心竞争力。在发达国家布局知识产权的同时，还要加大对“一带一路”沿线国家的知识产权布局。

五、优化知识产权服务供给

知识产权服务供给是助推中小企业高质量发展的加速器，知识产权的创造、运营、保护、管理等阶段的顺利开展都离不开知识产权服务，知识产权服务也是要素升级的重要表现。

一方面，完善知识产权公共服务体系，制定知识产权服务标准，建设知识产权信息公共服务平台，提升知识产权服务水平；另一方面，充分发挥知识产权服务行业协会等中介组织的作用，增强知识产权服务行业的自律性，规范监督市场化知识产权服务机构的服务行为。此外，加大知识产权高端人才的培养，为知识产权服务业的发展提供充足的专业化人才支撑。

第六章

中小企业高质量发展的新动能研究①

我国经济已由高速增长阶段转向高质量发展阶段，正处在转变发展方式、优化经济结构、转换增长动力的攻关期。新动能是推动高质量发展的核心，新技术、新产品、新产业、新业态的蓬勃发展，能够极大地激活全社会的活力和创造力，深刻改变人们的生产生活方式，这也是实现经济高质量发展的重要动力。但是，当今社会对于中小企业领域涌现的新动能特点还缺乏清晰的认识，对于如何实现中小企业高质量发展还没有形成清晰的思路。本章将基于中小企业上市公司数据，从增长速度和创新能力两方面构建评价指标体系，分析我国中小企业发展新动能的主要特征，并对如何推动中小企业高质量发展展开探讨。

第一节　新动能的概念及特征

新动能和旧动能是相对而言的，指的是以技术创新为引领，以新技术、新业态、新模式为核心，以知识、技术、信息、数据等新生产要素为支撑，形成的引领经济持续健康发展的新动力。具体到工业领域，工业新动能是指能够引领和促进工业经济平稳增长和提质增效的动能，既有来自新兴产业创造的新动能，也有来自通过信息化和工业化深度融合对传统产业进行改造提升释放的新动能。以第二产业为例，新旧动能的区别显著表现在以下几方面，详见表 6-1。

① 本章转载自巩键、陈辰《中小企业高质量发展新动能研究》，曾纯总编，《中国工业和信息化》2018 年第 7 期，第 56～65 页。

表6-1　第二产业新旧动能特征比较

	新动能	旧动能
能源利用	以矿物能源的精细化利用或风能、太阳能、核能等物理能源为主导	以煤炭、石油、天然气等矿物能源粗放利用为主导
原材料利用	以对原子设计、分子制造的新材料以及深层循环利用为主导	以对矿物原材料一次性利用为主导
生产工艺	以高度网络化、人工智能化为主导	以机械化为主导
生产模式	“资源—产品—废物—再生资源—再生产品”的深层次循环式生产方式	“资源—产品—废物”的单向生产方式
资源约束	深层循环化生产，极大增加了资源约束弹性	资源匮乏性生产

资料来源：赛迪智库整理。

新动能具有鲜明的时代性和地域性。一方面，新动能与新科技革命密不可分，每一次科技和产业革命都会产生新技术，形成新产业，带来新的发展动能；另一方面，各地的资源禀赋、产业基础和发展阶段不同，引领经济发展的新动能也因地而异。

此外，新动能与旧动能是动态发展的，新动能随着时代发展、技术革新也会衰落成旧动能；旧动能经过转型升级同样可以变成新动能。这就要以发展的眼光审视新旧动能转换，在改造升级传统动能时发掘蕴藏的新生命力，在培育发展新动能时及时根据技术发展前沿调整方向。

第二节　样本及评价指标

一、样本选择与数据来源

本章基于上市公司数据，对中小企业高质量发展中涌现的新动能进行评价。样本来源于在中小板、创业板、新三板上市的中小微企业，时间跨度为2012—2017年。根据国家统计局印发的《统计上大中小微型企业划分办法（2017）》，我们首先对上市企业进行了划型，剔除了三个板块中的大型企业。随后，又根据《国民经济行业分类》（GB/T 4754—2017）和《东西中部和东北地区划分方法》，对上市中小企业所处的行业和区域进行了划分。本研究所用的数据来源于Wind数据库和国泰安（CSMAR）数据库，赛迪智库首先收集原始数据，然后进行了整理计算。

二、评估指标体系

本部分参照新动能的内涵特征，遵循代表性、可比性和可获得性原则进行了指标设计，设置了增长速度和创新能力两个一级指标，以及营业收入增长率、研发投入强度等六个二级指标（见表 6-2）。

表 6-2　新动能评价指标

一级指标	二级指标	计算方法
增长速度	营业收入增长率	营业总收入年均增长率
	利润增长率	利润总额年均增长率
	主营业务收入占比	主营业务占总体主营业务收入比例
创新能力	研发投入强度	研发投入占销售收入比重
	技术人员占比	技术人员占企业员工数的比例
	授权专利数	年度企业平均已授权专利数

增长速度：用于反映中小企业增长能力变化情况。营业收入增长率反映企业的成长状况和发展能力，营业收入增长率越高，增长速度越快，企业市场前景越好。利润增长率反映企业营业利润的增减变动情况，利润增长率越高，增长速度越快，企业盈利能力也越好。主营业务收入占比反映企业所在行业的收入变化，主营业务收入占比越高，增长速度越快，所在行业前景越好。

创新能力：用于反映企业自身作为创新主体所发挥的作用。研发投入强度反映企业在创新财力方面的投入程度，研发投入强度越高，创新财力投入越高。技术人员占比反映企业在创新人力方面的投入程度，技术人员占比越大，创新人力投入越多。授权专利数反映企业创新产出水平，授权专利数越多，创新成果越多。

第三节　评估结果分析

我们从增长速度和创新能力两方面，并区别不同行业、区域、板块的中小企业进行数据对比，多维度分析我国上市中小企业的高质量发展新动能。

一、产业层面：新兴服务业迅速崛起，成为引领高质量增长的新引擎

在新一轮科技革命和产业变革中，新兴服务业蓬勃发展，活力和实力不断增强。互联网经济、数字经济、共享经济等新经济正成为推动我国中小企业产

业转型的新动能、新引擎。

（一）增长速度

从主营业务收入占比看，新兴服务业上市中小企业的主营业务收入占比近年来不断提升，房地产等传统领域不断萎缩。如表6-3所示，2013—2017年，信息传输业、软件和信息技术服务业、租赁和商务服务业的中小企业主营业务收入占比分别由11.37%、4.13%、0.73%上升至13.97%、5.10%、4.66%。与之相对，房地产开发经营行业上市中小企业的主营业务收入占比则由2013年的1.80%下降至2017年的1.06%。

表6-3 我国不同行业的上市中小企业主营业务收入占比变化

企业所在行业	主营业务收入占比	
	2013年	2017年
工业	78.93%	55.58%
批发业	0.08%	6.95%
信息传输业	11.37%	13.97%
软件和信息技术服务业	4.13%	5.10%
租赁和商务服务业	0.73%	4.66%
建筑业	1.20%	3.06%
交通运输业	0.28%	2.44%
房地产开发经营	1.80%	1.06%
农、林、牧、渔业	0.17%	0.62%
零售业	0.02%	0.96%
其他未列明行业	1.29%	5.60%

数据来源：赛迪智库根据Wind和CSMAR数据库整理。

从营业收入增长率看，一方面，以“互联网+”为标志的服务业新经济高速成长，对经济增长的引领作用不断增强。如图6-1所示，2017年，与共享经济、数字经济密切相关的仓储物流、互联网服务、电信服务行业的上市中小企业营业收入分别同比增长44.29%、42.00%、27.51%，远高于上市中小企业的平均营业收入增长率。仓储物流行业的中小企业营业收入连续三年保持增长，呈现良好的发展势头。另一方面，随着供给侧结构性改革的推进和传统产业的技术升级，工业中小企业营业收入从前两年断崖式的下跌逐步回升。新兴制造业方面，2015—2017年，装备制造业八大行业的中小企业营业收入整体年均增长

19.22%。仪器仪表制造、通用设备制造、专用设备制造行业的中小企业在 2017 年的营业收入增长率分别达到 20.68%、17.80%、14.14%，比 2016 年分别提高 12.02、13.36、5.04 个百分点。传统制造业方面，有色金属冶炼及压延加工、化学原料及化学制品制造、橡胶和塑料制品行业的中小企业营业收入连续三年稳步增长，2017 年，三个行业的营业收入增长率分别达到 31.67%、14.99%、14.04%，比 2016 年提高 16.63、7.28、6.99 个百分点。

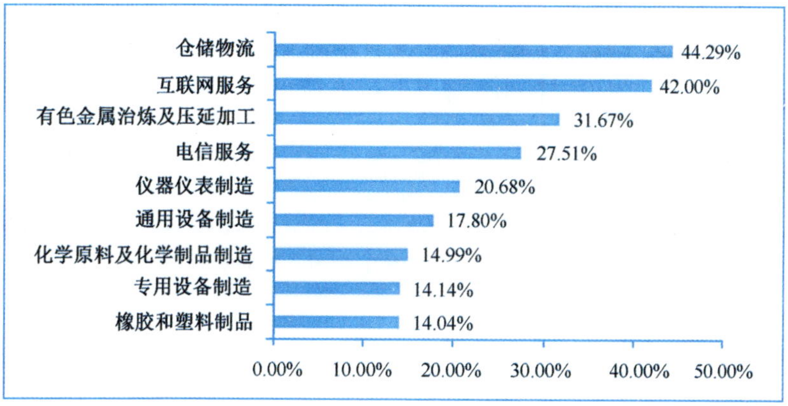

图 6-1　2017 年我国不同行业的上市中小企业营业收入增长率比较

（数据来源：赛迪智库根据 Wind 和 CSMAR 数据库整理）

从利润增长率看，信息传输、交通运输行业的中小企业利润增长率处于全国领先水平。虽然近年来新兴服务业利润有所下降，但总体水平依然保持领先。如图 6-2 所示，2017 年，信息传输、交通运输行业利润增长率分别达到 55.61%和 26.35%。此外，仪器仪表制造、通用设备制造、医药制造、电子机械及器材制造行业的上市中小企业利润相比 2016 年呈现上升发展势头，2017 年，这四个行业的利润增长率分别达到了 48.30%、19.13%、14.07%、8.40%。

（二）创新能力

从研发投入强度看，2012—2017 年，软件和信息技术服务业和工业企业保持了较高的研发投入强度和规模增长率。软件和信息技术服务业企业的平均研发投入强度达到 6.05%。工业细分行业领域中，航空航天设备制造（13.60%）、计算机电子设备制造（8.55%）、仪器仪表制造（7.96%）、医药制造（6.46%）和专用设备制造（6.09%）五个行业领域的中小企业研发投入强度均超过了 5%，处于较高水平。

从技术人员占比看，软件和信息技术服务业、信息传输业企业的技术人员占比较高且连年增长，技术人员占比分别达到 45.41%和 29.05%，均高于全国上市中小企业平均水平。

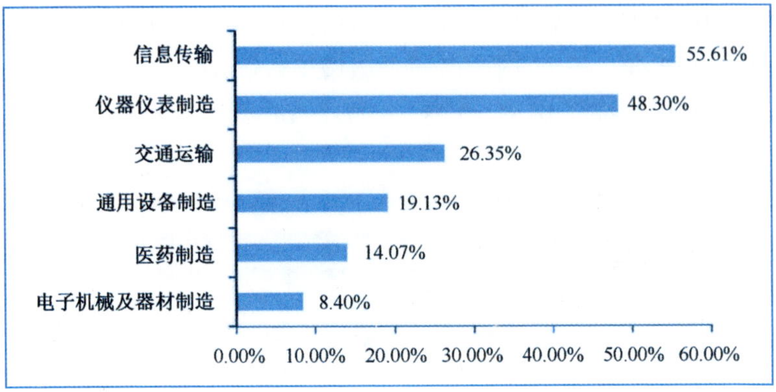

图 6-2　2017 年我国不同行业的上市中小企业利润增长率比较

（数据来源：赛迪智库根据 Wind 和 CSMAR 数据库整理）

从技术成果看，随着互联网技术的全方位渗透，与互联网融合的服务业中小企业迅速发展，电子商务、分享经济等新业态、新模式带动交通出行、物流等多个服务业领域创新成果不断涌现。如图 6-3 所示，2012—2017 年，工业、交通运输业（主要为仓储、物流业）、软件和信息技术服务业的中小企业平均获得的专利数较多，分别为 2.31 件、0.91 件和 0.85 件，其他行业的中小企业几乎没有授权专利，特别是批发业、零售业、农林牧渔业等，无论创新投入还是产出，均处于较低水平。此外，互联网服务、网络游戏等信息传输业的中小企业研发规模年均增速最快，达到 47.96%。

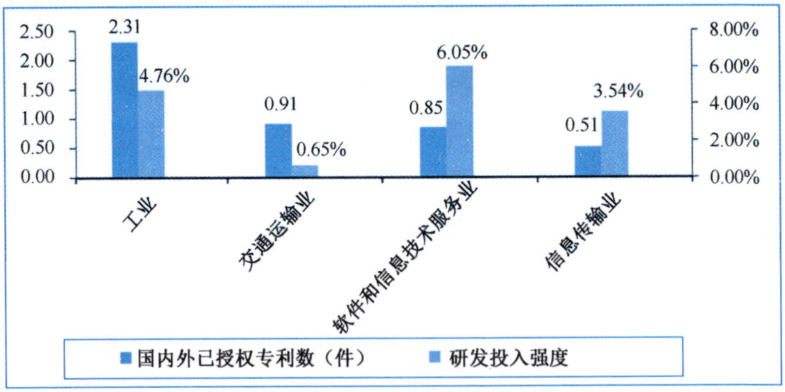

图 6-3　2012—2017 年我国不同行业的上市中小企业创新能力比较

（数据来源：赛迪智库根据 Wind 和 CSMAR 数据库整理）

二、区域层面：东部地区企业保持领先，中部地区企业创新潜力巨大

（一）增长速度

由于地理位置和自然条件的差异，以及长期以来国家政策上的倾向，我国上市中小企业无论是营业收入增长率还是利润增长率，均呈现自东部向西部递减的态势。如图 6-4 所示，2017 年，我国东部、东北部、中部、西部上市中小企业的营业收入增长率分别达到 16.55%、12.61%、10.60%、3.83%。2015—2017 年，东部、中部、西部上市中小企业的年均营业收入增长率分别达到 28.92%、25.42%、17.36%。此外，2017 年，东部、东北部、中部、西部上市中小企业的利润增长率分别为 7.82%、3.98%、2.70%、-3.37%。

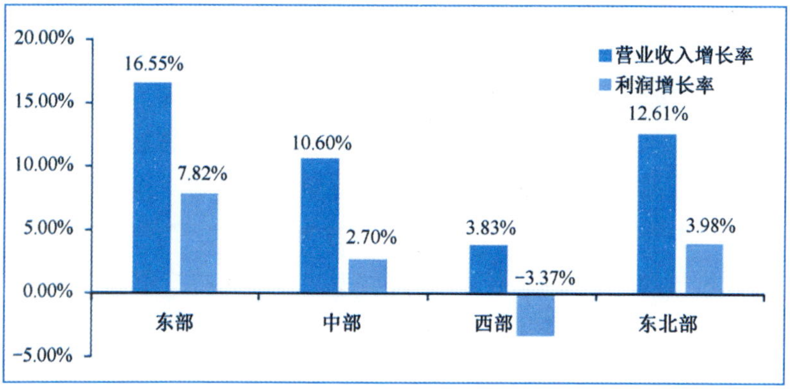

图 6-4　2017 年我国不同区域的上市中小企业增长速度比较

（数据来源：赛迪智库根据 Wind 和 CSMAR 数据库整理）

（二）创新能力

在“一带一路”建设、长江经济带发展等国家战略的带动下，我国中西部地区的上市中小企业近年来不断加大创新投入、改善创新环境、吸引创新人才，与东部地区企业的创新差距逐渐缩小。

如图 6-5 所示，从创新投入看，2012—2017 年，西部地区上市中小企业平均研发投入强度最高且保持连年增长，2017 年达到 5.19%。中部地区中小企业虽然平均研发投入强度最低（2.76%），但研发投入规模年均增速最高（42.27%）。此外，东部和东北部地区中小企业的平均研发投入强度分别为 4.32%和 4.74%。从人力投入来看，中部地区中小企业的技术人员数量年均增速

处于区域最高（30.70%），东北地区、东部地区中小企业技术人员占比较高（分别为 24.53%和 22.84%），西部地区中小企业技术人员占比最低（20.13%）。

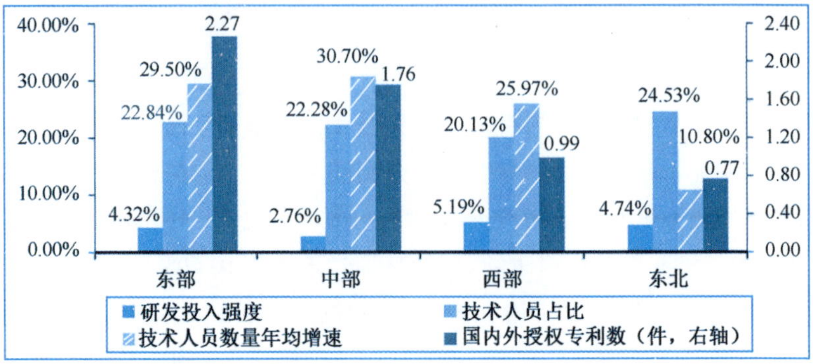

图 6-5　2012—2017 年我国不同区域的上市中小企业创新能力比较

（数据来源：赛迪智库根据 Wind 和 CSMAR 数据库整理）

从技术成果看，由于长期以来创新资源过度集聚于东部，中西部地区在技术成果转化、技术咨询等方面的科技配套服务体系不健全等原因，我国上市中小企业的已授权专利数和技术人员人均专利数由东往西逐渐递减。2012—2016 年，东部地区上市中小企业平均已授权专利数为 2.27 件，西部地区上市中小企业的这一数据仅为 0.99 件。此外，东北地区、中部地区上市中小企业平均已授权专利数分别为 0.77 件和 1.76 件。需要注意的是，西部地区中小企业虽然研发投入强度最高，但已授权专利数较低，说明该地区企业急需提高创新转化率。

三、企业层面：创业板企业创新引领作用突出，新三板企业表现欠佳

我国创业板集中了一大批高成长性、创新性的企业，特别是新一代信息技术、高端装备、新材料、新能源等高技术、高附加值行业的企业，这种特点决定了创业板企业无论是增长速度，还是创新能力，都处于领先地位，具有较强的竞争优势和发展潜力，正成为引领中小企业高质量发展的主力军。

从增长速度看，创业板中小企业营业收入保持迅速增长。如图 6-6 所示，2017 年，创业板中小企业的营业收入增长率达到 38.23%，中小板和新三板中小企业分别为 26.17%和 9.61%。此外，创业板中小企业利润增长率也较高。2017 年，创业板中小企业的利润增长率为 17.32%，虽然低于中小板中小企业的利润增长率（50.84%），但远高于新三板中小企业（-3.87%）。

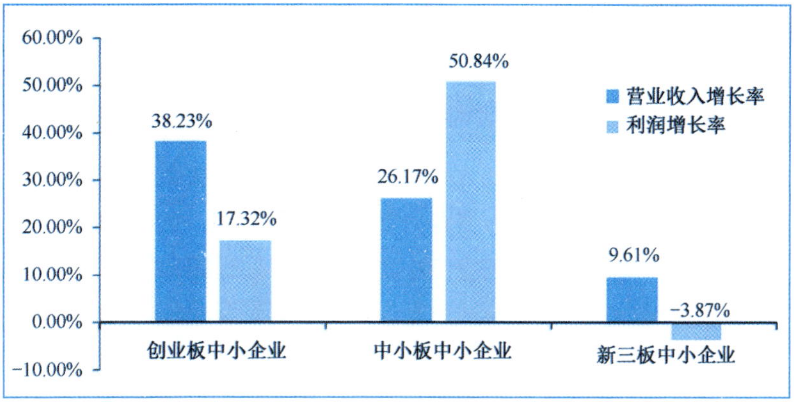

图 6-6　2017 年我国不同板块上市中小企业增长速度比较

（数据来源：赛迪智库根据 Wind 和 CSMAR 数据库整理）

从创新能力看，创业板中小企业的创新能力远高于其他板块中小企业的。创新投入方面，2012—2017 年，创业板中小企业的平均研发投入强度和技术人员占比分别达到 4.92%和 25.90%，中小板中小企业的则为 3.39%和 19.13%。技术成果方面，2012—2017 年，创业板中小企业的企业平均授权专利数也高于中小板中小企业的。此外，创业板小微企业的研发投入强度高于创业板中型企业的，而技术成果却少于中型企业的。如图 6-7 所示，2012—2017 年，创业板小微企业和中型企业的平均研发投入强度分别达到 7.39%和 4.77%，二者平均授权专利数分别为 2.12 件和 2.39 件。

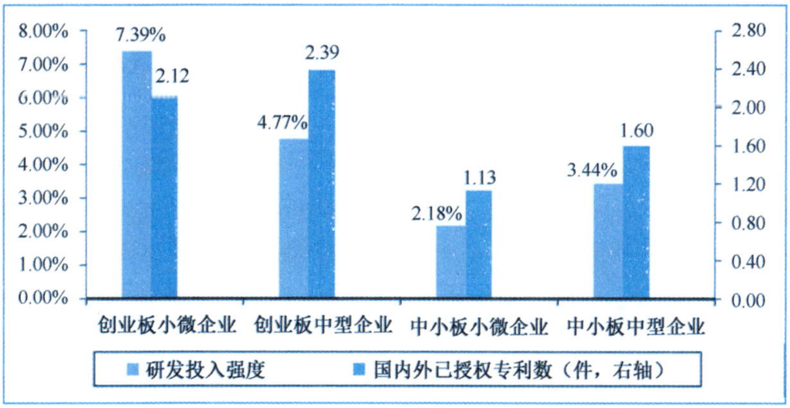

图 6-7　2012—2017 年我国不同板块上市中小企业创新能力比较

（数据来源：赛迪智库根据 Wind 和 CSMAR 数据库整理）

第四节　对策及建议

一、提高企业专业化水平，增强国际竞争力

一是聚焦各类政策资源，加大扶持力度，支持中小微企业开展技术创新、管理创新和商业模式创新，着力培育一批主营业务突出、竞争力强、成长性好的专精特新“小巨人”企业，树立中小企业发展的标杆和典型，以点带面，引领带动全国更多中小企业践行高质量发展理念，提高专业化能力和水平。二是弘扬“工匠精神”，全面提升质量水平。引导企业实施精益化管理，聚焦产业链配套和支撑环节，聚焦主业，增强核心竞争力，不断提高发展质量和水平，走专业化发展道路。三是推动实施品牌战略，提升品牌价值和海外影响力。将“中国制造”品牌建设列入“一带一路”布局，开展“中国品牌海外推广计划”，重点培育知名品牌。为中小企业提供品牌设计咨询、品牌营销培训等，“抱团出海”，主动参与国际竞争。开展质量改进与提升服务，增强中小企业质量品牌创新升级能力。

二、突破关键技术瓶颈，推动产业转型升级

一是结合产业发展瓶颈及新兴产业发展趋势，深入实施国家科技重大专项，积极开展关键共性技术、前沿引领技术、现代工程技术、颠覆性技术攻关，努力解决技术发展瓶颈，实现关键核心技术自主可控。二是推进新技术、新工艺、高端装备等的集成应用，在优势互补的基础上推进产学研用的深度整合，发挥大学和科研院所在创新源头上的作用，打造“研发—转化—生产”良性循环的创新产业链，提高产业配套水平，增强产业集聚效应，实现产业向高端迈进。三是推进发展“互联网+中小企业”，鼓励大型企业及专业服务机构建设面向中小企业的云制造平台和云服务平台，发展适合中小企业智能制造需求的产品、解决方案和工具包，完善中小企业智能制造支撑服务体系。推动中小企业业务系统云化部署，引导有基础、有条件的中小企业推进生产线智能化改造，推动低成本、模块化的智能制造设备和系统在中小企业部署应用。

三、优化区域创新环境，促进人才有序流动

区域间创新要素合理流动有利于优化资源配置，提高创新资源使用效率，缓和经济发展不平衡、不充分的矛盾。建议：一是破除体制机制障碍，建立跨部门创新合作框架和协调机制，打破区域行政划分界线，推动人才、信息、技术等创新要素自由流动。二是统筹区域创新资源，优化创新资源空间布局，构建跨区域协同创新网络和区域创新平台，加快创新资源互联互通、开放共享，

促进区域间技术转移和合作创新。三是实施大中小企业融通发展专项工程，打造一批融通发展典型示范和新模式。在要素汇集、能力开放、模式创新、区域合作等领域分别培育一批制造业双创平台试点示范项目，引领制造业融通发展迈上新台阶。四是加大对中西部地区科技人才的引进与培育，借助税收优惠、研发津贴、住房补贴等政策，吸引科技人才。鼓励企业与高校、科研院所合作，采取挂职兼职、技术咨询、项目合作等方式，柔性引进人才。

四、深化减税降费改革，降低企业成本负担

一是推进实质性减税，对小微企业、科技型初创企业实施普惠性税收减免。落实金融机构单户授信1000万元及以下小微企业和个体工商户贷款利息收入免征增值税政策、贷款损失准备金所得税税前扣除政策。二是深入推进涉企收费清理规范工作，加快推进地方涉企行政事业性收费零收费。建立涉企收费目录清单，及时向社会公布政府管理的涉企行政事业性收费、政府定价的经营服务性收费等目录清单，实行动态管理，定期开展涉企收费专项检查，确保政策落地见效。三是根据实际情况，降低社会保险费率，支持中小企业吸纳就业，降低企业负担。四是落实小微企业融资担保业务降费奖补政策。中央财政安排奖补资金，引导地方支持扩大实体经济领域小微企业融资担保业务规模，降低融资担保成本。

五、改善企业营商环境，提升公共服务水平

一是进一步深化对中小企业的“放管服”改革。继续推进商事制度改革，推动企业注册登记、注销更加便利化。推进环评制度改革，落实环境影响登记表备案制，将项目环评审批时限压缩至法定时限的一半。落实好公平竞争审查制度，营造公平、开放、透明的市场环境，清理废除妨碍统一市场和公平竞争的各种规定和做法。二是进一步放宽市场准入。坚决破除各种不合理门槛和限制，在市场准入、审批许可、招标投标、军民融合发展等方面打造公平竞争环境，提供充足的市场空间。不断缩减市场准入负面清单事项，推进“非禁即入”普遍落实，最大限度地实现准入便利化。三是进一步加载政策服务，系统优化企业优惠政策体系。搭建跨部门的中小企业政策信息互联网发布平台，及时汇集涉及中小企业的法律法规及创新创业、财税金融、权益保护等方面的各类政策和政府服务信息，实现中小企业政策信息一站式服务。四是大力发展专业服务。充分发挥中小企业公共服务平台网络作用，鼓励地方通过政府购买服务、“服务券”等多种方式为企业提供会计记账、电子商务、法律、信息化、技术、人力资源等方面的专业服务。

第七章

我国企业对外投资研究

第一节　我国企业对外投资的现状分析

自我国 2001 年加入世界贸易组织（WTO）以来，我国企业国际化实现了突飞猛进的发展。德勤发布的《开放新征程——德勤 2018 中国企业海外投资运营指南》指出，中国 41%的民营企业将开展国际化运营，中小企业作为民营企业主体，将成为开展国际化运营的重要力量。

在全球经济一体化背景下，“一带一路”倡议得到全球各国的支持和参与，这为我国中小企业开展国际化运营带来了新机遇。中国与全球化智库（CCG）数据显示，民营企业在中国国际合作中占据重要地位。如图 7-1 所示，2017 年，中国民营企业海外投资数量为 248 宗，投资金额约为 638 亿美元。

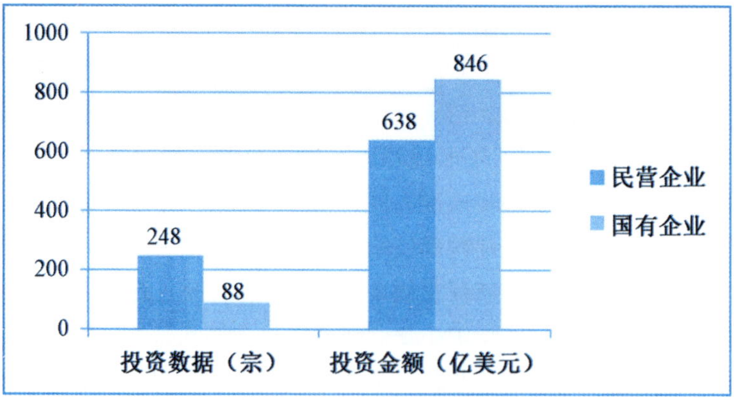

图 7-1　中国企业海外投资数量及金额

（数据来源：中国与全球化智库 2017 年数据）

一、我国企业对外投资的区域特征

2018 年，我国企业对外直接投资 1298.3 亿美元，同比下降超过 17 个百分点，呈现持续下降趋势。从区域分布来看，我国对外投资区域不平衡的现象依然存在，以下从美国、欧洲、亚洲及非洲四个重点国家和区域进行分析。

（一）美国

在我国多部委对外投资监管背景下，我国中小企业对美投资受到严格限制。荣鼎咨询（Rhodium Group）发布的一份关于中国企业 2018 年上半年对美投资的报告显示，在多重政策压力下，2018 年上半年，我国对美国直接投资金额仅 18 亿美元，同比下降超过 90%，创下过去 7 年的最低水平。为防范风险，我国多部委加强了对国内企业的对外投资监管，导致对外投资遇冷。2017 年我国对外投资额已下降 29%，2018 年前 5 个月的交易数量显著下降，从 2014 年每半年平均 85 宗下降到 2018 年上半年的 39 宗，创下 6 年内最低。

（二）欧洲

2018 年，我国对欧洲的直接投资呈现不均衡状态。对欧洲直接投资金额总体同比下降 72%。但对法国、德国、西班牙与瑞典的投资额却大幅增长，与 2017 年相比分别增长 86%、34%、162%及 186%，如图 7-2 所示。此外，2017 年我国在卢森堡投资不足 1 亿美元、在丹麦的投资也仅 2 亿美元，但 2018 年却分别猛增至 18.7 亿美元和 11 亿美元。

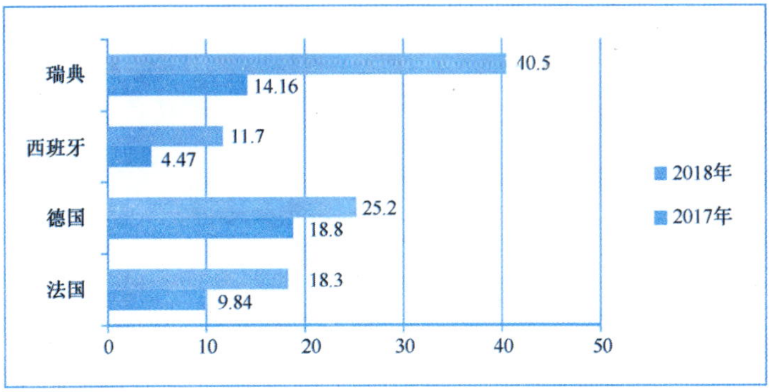

图 7-2　中国投资者在欧洲一些国家的投资额（亿美元）

（数据来源：Baker McKenzie 与 Rhodium Group 合作发布）

受到“16+1”合作机制及“一带一路”建设影响，我国在中东欧的投资同样呈现繁荣增长的趋势，我国企业在匈牙利、克罗地亚、波兰与斯洛文尼亚的投资分别增长 185%、355%、162%与 1 000%以上。2018 年，我国在欧洲的私人投资额也从 14%猛增至 60%。

与此同时也应该看到，我国在英国、荷兰、瑞士与意大利的投资出现不同幅度的下跌，虽然我国在英国投资 49.4 亿美元仍居在欧投资最高额，但是降幅达到 76%。主要原因是 2018 年欧洲政府加大了市场监管审查，我国在欧洲尤其是英国缺乏大额交易，大多是行业多样化的中小企业投资合作，主要集中在汽车、金融、商业服务以及信息与通信技术行业领域。

中小企业占欧洲企业总数的 99%，贡献了 66.7%的工作机会，但目前欧洲中小企业国际化合作受限。我国是欧洲中小企业的重要收益来源和发展动力，与我国中小企业合作，共同推动全球市场开拓是欧洲中小企业发展的一大路径。

（三）亚洲

亚洲约有 42 亿人口，经济总量占全球经济总量的 1/3。2017 年以来，“一带一路”倡议与亚洲合作对话（ACD）、上海合作组织、中日韩自由贸易合作机制、中国—东盟“10+1”、亚太经合组织、中阿合作论坛等亚洲多边合作机制相互补充，共同推动亚洲区域经济合作。

我国与亚洲其他国家合作密切，我国中小企业正积极参与中亚国际合作，带动我国制造业、信息技术等产业“走出去”。2017 年，我国在亚洲的直接投资额达 1100.4 亿美元，占我国企业对外投资总额的 69.5%。

亚洲大部分国家属于发展中国家且资源丰富、市场广阔，与我国中小企业发展现状存在很大的互补性，这一定程度上可以弥补中小企业规模小、抗风险能力差的劣势。2018 年，受劳动力成本、环境成本及税费负担上升影响，大部分中小企业，尤其是劳动密集型中小企业向亚洲国家转移的趋势明显，如马来西亚、泰国等国家是我国中小企业走出国门的优先选择。

（四）非洲

我国中小企业逐渐成为对非投资的生力军。2017 年，我国对非直接投资 31 亿美元，是 2003 年的近 40 倍，增长迅猛，行业涉及建筑、制造、科技、批发零售和农业等领域。

2018 年 10 月 31 日，卢旺达政府与阿里巴巴合作，推出电子世界贸易平台（eWTP），推动中非中小企业参与跨境电子贸易合作。2018 年 9 月 2 日，我国与非洲国家签署第一个自由贸易协定，为中非中小企业合作提供更便利的政策和营商环境。

我国对中小企业在非洲投资给予了强力金融支持，目前有优惠贷款、中非发展基金、中非产能合作基金、非洲中小企业专项贷款等，用来解决中小企业在非投资融资问题。

二、企业海外布局行业分布

2017 年，我国境内投资者共对全球 174 个国家和地区的 6 236 家境外企业进行了非金融类直接投资。从投资行业分布来看，对外投资主要流向制造业以及信息传输、计算机服务和软件业。其中制造业并购数量高达 163 起，涉及的并购金额高达 607.2 亿美元，占总投资案例的 40%。信息传输、计算机服务和软件业海外并购出现连续增长，占总投资案例的 15%，如图 7-3 所示。

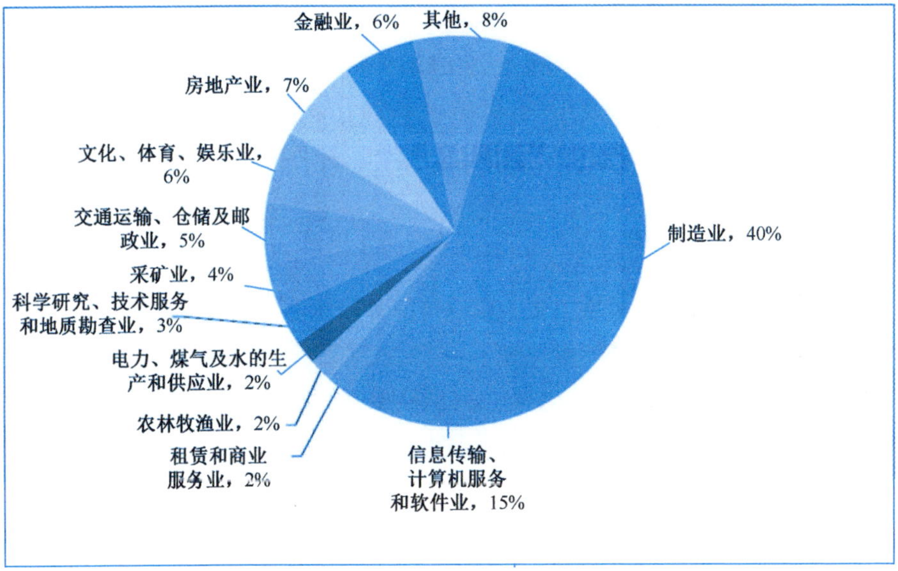

图 7-3　2017 年我国企业海外并购交易行业占比

（数据来源：《中国企业全球化报告（2018）》）

三、企业国际化合作模式分析

随着我国中小企业“走出去”步伐加快，其投资模式呈现多样化（见表 7-1），主要通过跨国并购、创建投资（绿地投资）、组建战略联盟、建设境外经贸合作区和基础设施合作建营一体化等多种模式进入国际市场，而建设项目融资则主要采用 BOT（建设—经营—转让）、BT（建设—转让）、TOT（转让—经营—转让）等各种较为经典的 PPP 模式。

表 7-1　我国企业海外投资模式分析

投资模式	定义	特点
跨国并购（Cross-border Mergers Acquisitions）	包括跨国兼并和跨国收购，是指一国企业通过一定的渠道和支付手段，将另一国企业的所有资产或足以行使运营活动的股份收买下来，从而对另一国企业的经营管理实施实际的或完全的控制行为	该模式下，企业可以借助海外公司已有的技术、人才和市场，降低公司运营成本，规避海外贸易壁垒
绿地投资（Green Field Investment）	跨国公司等投资主体在东道国境内依照东道国的法律设立的部分或全部资产所有权归外国投资者所有的企业	投资企业独立地进行项目的策划、建设、运营，主动性强，风险可控。但是绿地投资筹建工作量大、周期长、速度慢、灵活性差
公私合作模式（Public-Private Partnership，PPP）	在该模式下，鼓励中小企业与国内外政府进行合作，参与海外公共基础设施的建设	该模式将在公共部门和私营部门实体之间建立“利益共享、风险共担、全程合作”的合作伙伴关系，实现更高的经济、时间效率，大幅降低中小企业成本及风险

资料来源：赛迪智库整理。

2017 年，我国企业投资方式主要以跨国并购为主，但下降趋势明显（见图 7-4）。我国的中小企业由于规模较小，对外投资的金额受到限制。绿地投资由于筹建工作量大、周期长、速度慢、灵活性差，对中小企业的资金和海外运营能力要求较高，而跨国并购可以减少企业对外直接投资的成本，合理利用东道国资源，因此中小企业通过并购投资方式开展国际化运营是更优选择。

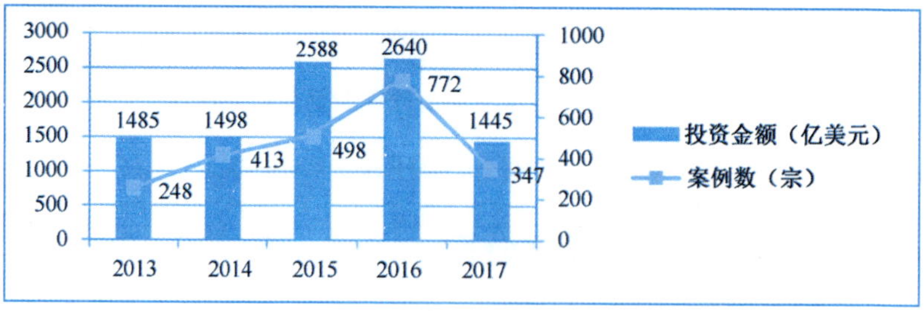

图 7-4　2013—2017 年我国企业海外并购案例宗数与投资金额

（数据来源：《中国企业全球化报告（2018）》）

中小企业在选择国际化运营模式时综合考虑了法律、行政、生产要素、产业环境等多种因素。一是法律因素。近年来，部分海外国家担心垄断市场的形成和出于对民族企业/知名品牌的保护，限制外国资本的投资。在对外国资本限制严格的国家或地区中，企业对外投资更倾向于选择绿地投资的方式。二是政府因素。部分不发达国家地方政府办事效率较低，企业通常采用绿地投资的方式以节省时间成本。三是生产要素。企业通过绿地投资成立劳动密集型或资源密集型企业，以有效利用东道国的劳动力和资源等生产要素，降低生产成本。四是市场因素。根据东道国市场情况，如果东道国市场趋于饱和状态，企业之间竞争激烈，且可以比较准确地评估目标企业的价值，企业便通过跨国并购来获得较优质的品牌，以获得目标企业的各种渠道、供应链，这时跨国并购对于想要进行对外投资的企业的吸引力便会更大。五是行业因素。在信息技术产业较为落后的国家，绿地投资帮助企业迅速开拓行业市场，在东道国企业中脱颖而出。六是企业自身发展能力。绿地投资建设周期长、投资大，在对外投资时，企业需对自身进行细致的、专业的评估。

四、海外园区成为企业对外合作载体

海外园区是我国中小企业开展境外国际合作的集聚式发展平台，尤其是创新型中小企业“走出去”需要依托园区提供各类保障。我国通过经济技术开发区、境外保税物流区、境外经贸产业园区等形式建设海外产业集聚园区，为国内外企业开展国际合作提供必要的基础条件，降低了海外运营成本。还通过公共服务平台建设，为国际产业对接提供政策、法律、专家、金融、标准、知识产权等多方面的服务。通过海外园区建设，我国企业到海外投资建厂，促进当地资源优化配置，解决园区所在国人口就业，提高当地税收，共享园区发展成果。

商务部、外交部和国家测绘局联合公布的数据显示，我国已经在 65 个海外国家和地区建设或在建设45个中国海外园区，从产业定位角度，园区可以分为制造业、农业、综合性产业等几大类（见表 7-2）。

表 7-2　中国海外园区情况汇总

序号	园区名称	地区、国家	产业定位	序号	园区名称	地区、国家	产业定位
1	柬埔寨西哈努克港经济特区	南亚、柬埔寨	制造业	3	越南龙江工业园	东南亚、越南	综合性
2	泰国泰中罗勇工业园	东南亚、泰国	综合性	4	巴基斯坦海尔一鲁巴经济区	南亚、巴基斯坦	制造业

续表

序号	园区名称	地区、国家	产业定位	序号	园区名称	地区、国家	产业定位
5	白俄罗斯中白工业园	白俄罗斯	制造业	20	中匈宝思德经贸合作区	东欧、匈牙利	制造业
6	埃及苏伊士经贸合作区	北非、埃及	综合性	21	吉尔吉斯斯坦亚洲之星农业产业合作区	中亚、吉尔吉斯斯坦	农业
7	老挝云橡产业园	东南亚、老挝	农业	22	中国印尼综合产业园区青山产业园	东南亚、印度尼西亚	资源型
8	深圳—海防经济贸易合作区	东南亚、越南	制造业	23	印度马哈拉施特拉邦汽车产业园	南亚、印度	制造业
9	中俄托木斯克木材工贸合作区	俄罗斯	农业	24	中哈边境合作中心	中亚、哈萨克斯坦	商贸物流
10	格鲁吉亚华凌自由工业园	西亚、格鲁吉亚	制造业	25	印度古吉拉特电力产业园	南亚、印度	资源型
11	加里曼丹岛农工贸经济合作区	东南亚、印度尼西亚	农业	26	马中关丹产业园区	东南亚、马来西亚	综合性
12	俄罗斯龙跃林业经贸合作区	俄罗斯	农业	27	中塔产业园	中亚、塔吉克斯坦	综合性
13	匈牙利中欧商贸物流园	东欧、匈牙利	商贸物流	28	斯里兰卡科伦坡港口城	南亚、斯里兰卡	商贸物流
14	中俄现代农业产业合作区	俄罗斯	农业	29	哈萨克斯坦中国工业园	中亚、哈萨克斯坦	综合性
15	中俄乌苏里斯克经贸合作区	俄罗斯	制造业	30	中塔农业纺织产业园	中亚、塔吉克斯坦	农业
16	中国—印尼聚龙农业产业合作区	东南亚、印度尼西亚	农业	31	中民投印尼产业园	东南亚、印度尼西亚	综合性
17	中国—印尼经贸合作区	东南亚、印度尼西亚	制造业	32	中国—东盟北斗科技城	东南亚、泰国	技术研发
18	乌兹别克斯坦吉扎克工业特区	中亚、乌兹别克斯坦	综合性	33	瓜达尔自贸区	南亚、巴基斯坦	商贸物流
19	老挝万象赛色塔综合开发区	东南亚、老挝	综合性	34	万达印度产业园	南亚、印度	综合性

续表

序号	园区名称	地区、国家	产业定位	序号	园区名称	地区、国家	产业定位
35	伊朗格什姆自贸区	西亚、伊朗	综合性	41	华夏幸福越南产业新城	东南亚、越南	综合性
36	缅甸皎漂特区工业园	东南亚、缅甸	制造业	42	中国—阿曼产业园	西亚、阿曼	资源型
37	华夏幸福印尼产业新城	东南亚、印度尼西亚	综合性	43	中老磨憨—磨丁经济合作区	东南亚、老挝	综合性
38	马来西亚皇京港	东南亚、马来西亚	综合性	44	中缅边境经济合作区	东南亚、缅甸	商贸物流
39	孟加拉大吉港中国经济工业园	南亚、孟加拉国	综合性	45	中尼友谊工业园	南亚、尼泊尔	综合性
40	斯里兰卡中国工业城	南亚、斯里兰卡	综合性				

资料来源：前瞻产业研究院整理。

第二节 我国企业对外投资存在的问题

随着我国中小型企业国际竞争力的提升，我国中小企业“走出去”是必然的选择。但由于中小企业本身的局限，中小企业在国际化运营过程中也暴露出许多问题。

一、海外投资审查限制加剧企业国际化运营风险

随着经济全球化发展，一些国家和地区加大了对海外投资的审查力度。2018 年 8 月 13 日，美国总统特朗普签署了《外国投资风险审查现代化法案》，意在通过对涉及军工、通信等高新科技领域、房地产领域的交易进行审查，实现本国经济及军事安全。该法案要求美国商务部部长每两年向美国国会和美国外国投资审查委员会报告中国对美投资的具体情况。由于美国审核标准设定灵活，我国中小企业在开展国际化运营中承担了较大风险。

2017 年 7 月 17 日，德国联邦内阁以维护“公共秩序和安全”为由通过了德国联邦经济部提交的《德国对外经济条例》第九次修正案，并于 2017 年 7 月 18 日生效。新修订案允许德国政府对外国收购进行更广泛的审查。修订的《德国对外经济条例》显示，原本对外国资本持较为开放态度的德国政府趋于收紧对外投资政策。2017 年 2 月，德法意三国联合呼吁授予欧盟在收购案件中拥有

更多否决权，以抵御非欧盟国家对欧盟敏感高科技企业的不对等收购。

目前来看，严格的对外投资审核将成为日后全球各国政策的主要趋势，势必会给众多中国中小企业布局全球带来限制。海外部分国家投资限制政策见表7-3。

表7-3　海外部分国家投资限制政策

国别	政策名称	主要内容
美国	《外国投资风险审查现代化法案》（Foreign Investment Risk Review Modernization Act，FIRRMA）	该法案扩大了美国外国投资审查委员会（Committee on Foreign Investment in the United States，CFIUS）的审批权限，CFIUS的管辖范围扩大至对关键基础设施、关键技术及敏感个人信息领域的非控制性投资。FIRRMA还要求美国商务部部长每两年向国会和CFIUS提交一份有关中国对美投资的详细报告，按照类型、经济部门、政府投资情况以及“投资模式”对所有中国投资进行分析。这些政策变化可能会增加中国对美国投资的难度
德国	《德国对外经济条例》的修正案	针对非欧盟国家投向国防、关键基础设施建设以及与国家安全有关的科技行业制定了更为严格的审查制度，而在最新的法规草案中计划进一步加强监管，将非欧盟投资者的股权收购申报门槛由25%下调至15%
英国	《国家安全和投资》白皮书	明确加强政府对外商投资的监管权限

资料来源:赛迪智库整理。

二、企业国际化运营中融资难题更加突出

2018年，中小企业开展国际化运营受到我国经济增速放缓、流动性趋于短缺、行业监管等限制，中小企业融资难题更加突出。贷款融资是目前中小企业获取资金的重要方式，但中小企业在融资中供给不充分问题凸显。渣打银行发布的报告显示，2018年10月，中小企业信用环境在2018年8月短暂改善后再次恶化，并且中小企业信用环境指数出现了历史次低水平。随着中小企业信用环境的恶化，银行对中小企业的放贷意愿也随之降低，导致中小企业融资供需矛盾突出成为需要重点关注的问题之一。中国人民银行、中国银行保险监督管理委员会、中国证券监督管理委员会、国家外汇管理局于2018年4月联合印发《关于规范金融机构资产管理业务的指导意见》（银发〔2018〕106号），对银行、保险、基金、信托等金融机构加强监管。随着政策效果的不断显现，金融机构对小微企业的信贷环境将施行较为严苛的监管，预计2019年小微企业融资环境仍不乐观，融资难题依然制约着中小企业发展。

除此之外，2018年以来，人民币贬值压力递增，全球主要经济体也陆续调整

货币政策，全球金融市场流动性偏紧，提高了我国中小企业的外部融资成本。

三、企业海外投资风险凸显

受到海外国家政治体制、战争因素的影响，我国企业开展国际合作的风险不断加剧。《“一带一路”投资安全蓝皮书：中国“一带一路”投资与安全研究报告（2016—2017）》显示，总体上“一带一路”沿线国家的投资安全指数普遍偏低（见表 7-4）。随着欧美等发达国家对我国对外投资的监管力度逐步加大，投资风险逐年上升。在国内由于缺乏针对中小企业的国际合作风险指导及相关公共服务平台，导致企业在对外投资中具有盲目性。

表 7-4 “一带一路”沿线国家的投资安全指数

区域	国家	投资安全指数	区域	国家	投资安全指数
东北亚	蒙古	43.1	中东欧	波兰	58.5
	俄罗斯	46.1		罗马尼亚	52.3
东南亚	印度尼西亚	53.1		捷克	57.6
	泰国	49.7		斯洛伐克	60.2
	马来西亚	55.5		保加利亚	56.1
	越南	42.1		匈牙利	45.6
	新加坡	67.2		拉脱维亚	56.3
	菲律宾	50.1		立陶宛	53.7
	缅甸	42.2		斯洛文尼亚	57
	柬埔寨	45.3		爱沙尼亚	52.3
西亚、北非	沙特阿拉伯	49.5		克罗地亚	48.6
	阿联酋	48.5		阿尔巴尼亚	48.9
	阿曼	44.5		塞尔维亚	49.7
	伊朗	45.2		马其顿	42
	土耳其	47.2		波黑	44.8
	埃及	39.1	中亚	哈萨克斯坦	38.9
	科威特	42.9		乌兹别克斯坦	39.2
	伊拉克	30	南亚	印度	55
	卡塔尔	46.9		巴基斯坦	39.4
	约旦	41.6		孟加拉国	44.8
	黎巴嫩	34.5		斯里兰卡	47
	巴林	40	独联体其他国家	阿塞拜疆	40.6
	也门共和国	16.8		摩尔多瓦	38

数据来源：《“一带一路”投资安全蓝皮书：中国“一带一路”投资与安全研究报告（2016—2017）》。

第三节 推动企业对外投资的建议

一、政府层面的建议

（一）建立中外中小企业国际合作协调机制，降低企业海外投资风险

政府需大力支持中小企业开展国际化运营，由国家相关部门牵头，与海外国家开展中小企业政策对接，建立区域、多边或双边的中小企业国际合作沟通协调机制，从国家层面支持中小企业开展国际合作。此外，加强我国政府各部门之间的沟通协调，推出中小企业对外投资一站式审批服务，精简对外投资审批程序。成立专项基金支持中小企业对外投资，鼓励社会资本积极参与基金建设。建立多元化融资担保体系，为中小企业国际化运营提供全方位、深层次融资支持。拓宽中小企业对外投资融资渠道，完善中小企业对外投资保险系统，适当降低企业对外投资税费。

（二）建立政产学协同机制，减少企业信息鸿沟

加强中小企业对外投资预警机制建设，建设中小企业国际合作公共服务平台，及时披露海外投资风险，为企业提供信息、咨询等服务。同时，推动国际智库建设，加强对海外国家政治、社会、经济、人文等方面的研究，减少企业信息鸿沟。充分利用双边、多边合作机制，组织行业协会、企业赴境外交流对接，深化与沿线国家产业合作，协调引导产业互利合作，加强“走出去”企业自律规范，减少企业间的无序竞争，积极履行企业在东道国的社会责任。

二、企业层面的建议

（一）提高企业国际竞争能力，合理选择海外市场

中小企业在发展过程中普遍存在规模小、资金薄弱、创新不足的劣势。在开展国际合作中，中小企业能够通过整合国外企业集群资源，合理利用国际资本和先进技术、先进管理体系，弥补自身短板，提升中小企业国际竞争力。

我国中小企业对外投资的目标市场应以发展中国家为主（具有相对优势）。中小企业可结合自身产业定位，选择优势海外发展中国家市场进行投资。我国企业应积极转变“低价竞争”策略，大力创新，在发挥价格比较优势的同时实

现“以质取胜”，用良好的性价比和服务占领国际市场。同时，大力拓展“一带一路”沿线市场，减少对单一海外市场的过度依赖，实现对外贸易和投资的平稳发展。

（二）增强自身融资能力，提高管理水平

中小企业需根据自身实力和企业国际化发展战略，提高自身管理水平和企业信用等级，借助金融中介机构力量，合理选择融资模式，缓解融资难题。此外，企业在进行海外投资前，应合理利用政府及社会组织力量，做好前期市场调研、产业分析工作，确保投资安全。

（三）培养中小企业国际化复合型人才

中小企业在开展国际合作中，要加大引进、培养高端技术和管理人才，提高企业创新管理能力，要着重培养国际贸易、国际法律等方面人才。

第八章

国外推动中小企业创新发展经验借鉴

第一节　美国政府扶持小企业跨区域合作的经验借鉴

一、为小企业国际化提供融资服务

为帮助本国小企业拓展国际市场，美国政府为之提供了完善的融资服务。

首先，美国联邦小企业管理局（SBA）为出口型小企业提供贷款担保。SBA负责与小企业相关的所有管理职能，其中一项很重要的职能是针对出口型小企业以及在城市以外地区经营的小企业提供信贷担保，即SBA与银行、信贷机构及其他贷款机构合作，为小企业提供贷款担保。根据2009年《美国复苏与再投资法案》和2010年《中小企业就业法案》，SBA提供的贷款担保率最高可达90%。

然后，推行国际贸易信贷计划，推动小企业的国际化发展。根据国际贸易信贷计划（ITL），SBA为参与国际贸易的小企业的固定资产和周转资金提供信贷担保，担保额最高为125万美元，其中，周转资金最高为75万美元，贷款期限最长为25年。

最后，美国进出口银行为出口型小企业提供特别服务。针对以贸易出口为主要业务的小企业，美国进出口银行提出了有针对性的服务，例如保险计划、贷款、担保、利息资本化等。

二、为跨国公司提供境外风险保护

1969年，为推动私人对外投资的发展，美国政府成立海外私人投资公司，为境外私人公司承担保险业务，业务范围覆盖因战争、暴乱等造成的特种风险，也包括因国有化、征用、没收、货币兑换、利润汇回等造成的综合风险业务。

三、建立小企业出口促进体系

在美国商务部主导下，美国贸易促进协调委员会（TPCC）通过四个服务机构和部门，为参与国际竞争的小企业提供了完善的信息咨询服务，这四个服务机构和部门分别是：①出口援助中心，为参与出口贸易的小企业提供针对目标市场的调研、需求预测、资料统计以及贸易保险等服务；②贸易信息中心，向国际化小企业提供政府推进措施等服务，实现引导小企业出口的目的；③全球商业服务网络，为已实现或计划实施国际化发展的小企业提供寻求合作伙伴的服务；④产业部门信息服务机构，为推动本产业内的企业拓展国际市场，美国设立了不同产业的服务组织，如农业部为推动农林产品出口设立的“国外市场农业服务组织”。

四、推行小企业技术创新计划

为加快本国小企业的技术创新，美国政府发挥其在小企业创新中的引领作用，斥巨资推出“小企业创新研究计划”（SBIR）和“小企业技术转移计划”（STTR），并且对 SBIR 和 STTR 的支持力度不断加大。

第二节　德国扶持中小企业发展经验探索

一、德国中小企业发展情况

德国中小企业是该国工业的中坚力量，具体而言，约占当地企业总数 99%的中小企业，贡献了 54%的经济增加值，拉动了 62%的就业。除此之外，德国中小企业国际化程度极高，德国 90%以上的中小企业在海外国家都设有分支机构。通常德国中小企业具有以下特征。

1. 德国中小企业中“隐形冠军”数量众多

德国中小企业中有大约 1400 家“隐形冠军”①，在全球隐形冠军数量中占

① “隐形冠军”包含三个特征：第一，该企业所经营的产品排名不能低于世界市场排名前三或者大洲第一；第二，年营业额不超过 50 亿欧元；第三，企业的知名度相对较低，不为普通消费者所熟悉。

到近一半的比重。

2. 创新力全球领先

德国中小企业注重研发与创新，每家企业都拥有较高比例的技术人员，平均每个员工拥有的专利数量相当于大公司的 5 倍。“隐形冠军”企业每 1000 名员工平均拥有 31 项专利，而大公司只有 6 项专利。因此，“隐形冠军”企业的创新效率是跨国公司的 25 倍。

3. 成熟的专业技术人才培养制度

双元制教育满足了德国各领域对技术人才在数量和质量方面的需求，可以说，德国中小企业坚实的发展基础与该国成熟的双元制教育制度息息相关。

4. 德国政府支持

德国政府从政策、法律、资金、培训等方面对中小企业开展国际化发展给予扶持。

二、“肥皂泡泡”的国际化之路

德国海因公司生产的“普斯特菲克斯”牌肥皂水专供儿童吹肥皂泡泡，该公司 2018 年年收入虽只有 700 万美元，但产品却遍及全球 50 多个国家。总结该企业的国际化之路，对中国中小企业具有以下启示。

1. 高度专业化

只生产单一的产品，有助于企业更好地理解客户需求，从而实现对客户的精准服务。在这种理念下，该公司在生产领域聚焦于单一产品；在销售领域放眼全球，而且致力于不断提高产品在全球的领导地位。

2. 国际化目标

在企业聚焦于一种产品的情况下，本国市场空间显得较为有限。为拓展市场空间，该公司积极开拓全球市场，充分利用海内外两个市场，最终凭借高度专业化的产品在海外市场占据了领导地位。

第三节　韩国中小企业发展经验探讨

随着全球经济一体化的不断深化，韩国企业的快速发展引起世界瞩目。众多韩国企业进入国际市场，并取得成功。三星、LG、现代等企业的产品不仅走向世界，还成为享誉全球的知名品牌。这些企业所取得的成就除了其自身做出的努力，也与韩国政府对企业的扶持作用密不可分。

一、实施科技兴国战略

韩国企业之所以在近几年崭露头角，除了与韩国政府推行的经济发展战略有关，也与该国政府对科技的重视密不可分。为推动本国企业技术发展，韩国政府采取了一系列措施：一是以政府为主导，采用“政府、大学、企业一体化”方针，推动官民共同促进科技发展。1982 年，韩国总统亲自主持科学技术振兴会，大力推动技术开发和应用，以提高该国整体的技术水平。二是通过立法推动科技发展，为韩国产业发展、生产和技术研发奠定基础。三是大力培养高科技人才，除了重视高等教育对科技人才的培育，该国政府还鼓励企业建立自己的培训中心，促使企业在短期内培养了大批科技人才队伍。四是重视对专利技术的保护，如加强可能与本国竞争的技术的进口限制，对使用本土专利技术的企业加大奖励。

二、加大科技研发投入

韩国科技水平的不断提升与该国政府加大科技研发投入存在密切关系。20 世纪 60 年代，韩国研发投入占该国 GDP 的比重仅为 0.3%左右，这个时期韩国主要通过对国外先进技术的分解以及模仿推动本国科技发展。20 世纪 70 年代，为了推动本国科技研发，韩国政府出台《技术研究开发促进法》，引导企业重点关注产品开发，该时期研发投入占该国 GDP 的比重提升到 0.4%～0.8%。20 世纪 80 年代，韩国政府通过“技术立国”战略大力推动资本和技术密集型产业发展，韩国用于研发的投入大幅提升。20 世纪 90 年代，为追赶发达国家，并为在与发展中国家的竞争中取得胜利，韩国政府增加研发投入，以大力推动本国高新技术产业发展。

三、重视人力资源开发

韩国政府通过采取三种策略，为本国科技企业国际化发展培养专业人才。首先，依托高等教育培养高科技人才。通过开设“产学研协同本硕博士”教育，大力培养产业发展所需的高级人才，仅 1995 年就培养出 1329 名硕士生和博士生。其次，选派优秀留学生到发达国家学习。为了造就高级科技人才，韩国始终坚持大量选派留学生到先进国家进修学习，同时选拔在岗科技人员赴外国考察、学习、合作研究。最后，加强对海外人才的引进。通过“长期回国计划”“临时回国计划”和“外国学者访问计划”，韩国政府加强对海外优秀人才的引进，并通过提高科技人才的社会和经济地位，防止现有高端人才的外流。

四、建立海外市场物流中心

韩国政府在推动本国企业国际化的进程中，建立了欧洲物流中心，将韩国出口欧洲各国的商品集中运输到欧洲物流中心，然后再分运到各个国家。为此，韩国运输企业与欧洲统一大市场有关部门建立了合作关系，提供有效的集装箱联运服务。在韩国政企共同努力下，韩国不但有很多企业成功进入欧洲市场，并且具有较高的市场占有率，形成了广泛的影响力。

政策篇

第九章

2018 年我国中小企业重点政策解析

第一节 《关于推动创新创业高质量发展打造“双创”升级版的意见》

一、出台背景

创新是引领经济社会发展的第一动力，也是我国中小企业转型升级的关键所在。近年来，“大众创业、万众创新”持续向更深层次、更宽领域推进，各类服务支撑平台不断完善，创新创业理念深入人心，环境不断优化，对推动我国新旧动能转换、产业转型升级、经济结构调整发挥了重要作用，为促进我国中小企业高质量发展提供了强力支撑。但我国经济已由高速增长阶段转向高质量发展阶段，科技成果转化机制尚不完善等问题逐渐凸显。因此，打造“双创”升级版，推动创新创业走高质量发展道路，有利于进一步提升我国科技创新活力，激发产业发展动力，对促进我国经济发展尤其是中小企业发展具有极其重要的现实意义。鉴于此，2018 年 9 月 26 日，国务院印发《关于推动创新创业高质量发展打造“双创”升级版的意见》（国发〔2018〕32 号，以下简称《意见》）。

二、重点内容

《意见》围绕着力促进创新创业环境升级、加快推动创新创业发展动力升级、持续推进创业带动就业能力升级、深入推动科技创新支撑能力升级、大力促进创新创业平台服务升级、进一步完善创新创业金融服务、加快构筑创新创业发展高地以及切实打通政策落实“最后一公里”等几个方面展开，重点内容详见表 9-1。

表 9-1 《意见》重点内容整理

针对的方面	重点内容
创新创业环境	进一步提升企业开办便利度，全面推进企业简易注销登记改革。积极推广“区域评估”，由政府组织力量对一定区域内地质灾害、水土保持等进行统一评估。推进审查事项、办事流程、数据交换等标准化建设，稳步推动公共数据资源开放，加快推进政务数据资源、社会数据资源、互联网数据资源建设。清理废除妨碍统一市场和公平竞争的规定和做法，加快发布全国统一的市场准入负面清单，建立清单动态调整机制
	加强社会信用体系建设，构建信用承诺、信息公示、信用分级分类、信用联合奖惩等全流程信用监管机制。修订生物制造、新材料等领域审查参考标准，激发高技术领域创新活力。引导和规范共享经济良性健康发展，推动共享经济平台企业切实履行主体责任
	加快建立全国一体化政务服务平台，建立完善国家数据共享交换平台体系，推行数据共享责任清单制度，推动数据共享应用典型案例经验复制推广。在市县一级建立农村创新创业信息服务窗口
创新创业发展动力	聚焦减税降费，研究适当降低社保费率，确保总体上不增加企业负担，激发市场活力。将企业研发费用加计扣除比例提高到 75%的政策由科技型中小企业扩大至所有企业。对个人在二级市场买卖新三板股票比照上市公司股票，对差价收入免征个人所得税。将国家级科技企业孵化器和大学科技园享受的免征房产税、增值税等优惠政策范围扩大至省级，符合条件的众创空间也可享受
	完善支持创新和中小企业的政府采购政策。发挥采购政策功能，加大对重大创新产品和服务、核心关键技术的采购力度，扩大首购、订购等非招标方式的应用
	充分发挥市场机制作用，推动重大技术装备研发创新、检测评定、示范应用体系建设。编制重大技术装备创新目录、众创研发指引，制定首台（套）评定办法。依托大型科技企业集团、重点研发机构，设立重大技术装备创新研究院。建立首台（套）示范应用基地和示范应用联盟。加快军民两用技术产品发展和推广应用。发挥众创、众筹、众包和虚拟创新创业社区等多种创新创业模式的作用，引导中小企业等创新主体参与重大技术装备研发，加强众创成果与市场有效对接
	建立完善知识产权评估和风险控制体系，鼓励金融机构探索开展知识产权质押融资。完善知识产权运营公共服务平台，逐步建立全国统一的知识产权交易

续表

针对的方面	重点内容
创新创业发展动力	市场。鼓励和支持创新主体加强关键前沿技术知识产权创造，形成一批战略性高价值专利组合。聚焦重点领域和关键环节开展知识产权“雷霆”专项行动，进行集中检查、集中整治，全面加强知识产权执法维权工作力度。积极运用在线识别、实时监测、源头追溯等“互联网+”技术强化知识产权保护
创业带动就业能力	对科教类事业单位实施差异化分类指导，出台鼓励和支持科研人员离岗创业实施细则，完善创新型岗位管理实施细则。健全科研人员评价机制，将科研人员在科技成果转化过程中取得的成绩和参与创业项目的情况作为职称评审、岗位竞聘、绩效考核、收入分配、续签合同等的重要依据
	在全国高校推广创业导师制，把创新创业教育和实践课程纳入高校必修课体系，允许大学生用创业成果申请学位论文答辩。支持高校、职业院校（含技工院校）深化产教融合，引入企业开展生产性实习实训
	深入推进农民工返乡创业试点工作，推出一批农民工返乡创业示范县和农村创新创业典型县。进一步发挥创业担保贷款政策的作用，鼓励金融机构按照市场化、商业可持续原则对农村“双创”园区（基地）和公共服务平台等提供金融服务。安排一定比例年度土地利用计划，专项支持农村新产业新业态和产业融合发展
	加大退役军人培训力度，依托院校、职业培训机构、创业培训中心等机构，开展创业意识教育、创业素质培养、创业项目指导、开业指导、企业经营管理等培训。大力扶持退役军人就业创业，落实好现有税收优惠政策，根据个体特点引导退役军人向科技服务业等新业态转移。推动退役军人创业平台不断完善，支持退役军人参加创新创业大会和比赛
	深入实施留学人员回国创新创业启动支持计划，遴选资助一批高层次人才回国创新创业项目。健全留学回国人才和外籍高层次人才服务机制，在签证、出入境、社会保险、知识产权保护、落户、永久居留、子女入学等方面进一步加大支持力度
	深入推进创新创业巾帼行动，鼓励支持更多女性投身创新创业实践。制定完善香港、澳门居民在内地发展便利性政策措施，鼓励支持港澳青年在内地创新创业。扩大两岸经济文化交流合作，为台湾同胞在大陆创新创业提供便利。积极引导侨资侨智参与创新创业，支持建设华侨华人创新创业基地和华侨大数据中心。探索国际柔性引才机制，持续推进海外人才离岸创新创业基地建设。启动少数民族地区创新创业专项行动，支持西藏、新疆等地区创新创业加快发展
科技创新支撑能力	在重点领域和关键环节加快建设一批国家产业创新中心、国家技术创新中心等创新平台，充分发挥创新平台资源集聚优势。建设由大中型科技企业牵头，

续表

针对的方面	重点内容
科技创新支撑能力	中小企业、科技社团、高校院所等共同参与的科技联合体。加大对“专精特新”中小企业的支持力度，鼓励中小企业参与产业关键共性技术研究开发，持续提升企业创新能力，培育一批具有创新能力的制造业单项冠军企业，壮大制造业创新集群。健全企业家参与涉企创新创业政策制定机制
	健全科技资源开放共享机制，鼓励科研人员面向企业开展技术开发、技术咨询、技术服务、技术培训等，促进科技创新与创业深度融合。推动高校、科研院所与企业共同建立概念验证、孵化育成等面向基础研究成果转化的服务平台
	纵深推进全面创新改革试验，深化以科技创新为核心的全面创新。完善国家财政资金资助的科技成果信息共享机制，畅通科技成果与市场对接渠道。试点开展赋予科研人员职务科技成果所有权或长期使用权。加速高校科技成果转化和技术转移，促进科技、产业、投资融合对接。加强国家技术转移体系建设，鼓励高校、科研院所建设专业化技术转移机构
创新创业平台服务	建立众创空间质量管理、优胜劣汰的健康发展机制，引导众创空间向专业化、精细化方向升级，鼓励具备一定科研基础的市场主体建立专业化众创空间。推动中央企业、科研院所、高校和相关公共服务机构建设具有独立法人资格的孵化机构，为初创期、早中期企业提供公共技术、检验检测、财税会计、法律政策、教育培训、管理咨询等服务。继续推进全国创业孵化示范基地建设。鼓励生产制造类企业建立工匠工作室，通过技术攻关、破解生产难题、固化创新成果等塑造工匠品牌。加快发展孵化机构联盟，加强与国外孵化机构对接合作，吸引海外人才到国内创新创业。研究支持符合条件的孵化机构享受高新技术企业相关人才激励政策，落实孵化机构税收优惠政策
	实施大中小企业融通发展专项行动计划，加快培育一批基于互联网的大企业创新创业平台、国家中小企业公共服务示范平台。推进国家小型微型企业创业创新示范基地建设，支持建设一批制造业“双创”技术转移中心和制造业“双创”服务平台。推进供应链创新与应用，加快形成大中小企业专业化分工协作的产业供应链体系。鼓励大中型企业开展内部创业，鼓励有条件的企业依法合规发起或参与设立公益性创业基金，鼓励企业参股、投资内部创业项目。鼓励国有企业探索以子公司等形式设立创新创业平台，促进混合所有制改革与创新创业深度融合
	更好发挥市场力量，加快发展工业互联网，与智能制造、电子商务等有机结合、互促共进。实施工业互联网三年行动计划，强化财税政策导向作用，持续利用工业转型升级资金支持工业互联网发展。推进工业互联网平台建设，形成

续表

针对的方面	重点内容
创新创业平台服务	多层次、系统性工业互联网平台体系，引导企业上云上平台，加快发展工业软件，培育工业互联网应用创新生态。推动产学研用合作建设工业互联网创新中心，建立工业互联网产业示范基地，开展工业互联网创新应用示范
	推进“国家创新创业政策信息服务网”建设，及时发布创新创业先进经验和典型做法，进一步降低各类创新创业主体的政策信息获取门槛和时间成本。鼓励建设“互联网+”创新创业平台，积极利用互联网等信息技术支持创新创业活动，进一步降低创新创业主体与资本、技术对接的门槛
	继续扎实开展各类创新创业赛事活动，办好全国大众创业万众创新活动周，拓展“创响中国”系列活动范围，充分发挥“互联网+”大学生创新创业大赛、中国创新创业大赛、“创客中国”创新创业大赛、“中国创翼”创业创新大赛、全国农村创业创新项目创意大赛、中央企业熠星创新创意大赛、“创青春”中国青年创新创业大赛、中国妇女创新创业大赛等品牌赛事活动作用
创新创业金融服务	加快城市商业银行转型，回归服务小微企业等实体的本源，提高风险识别和定价能力，运用科技化等手段，为本地创新创业提供有针对性的金融产品和差异化服务。加快推进村镇银行本地化、民营化和专业化发展，支持民间资本参与农村中小金融机构充实资本、完善治理的改革，重点服务发展农村电商等新业态新模式。推进落实大中型商业银行设立普惠金融事业部，支持有条件的银行设立科技信贷专营事业部，提高服务创新创业企业的专业化水平。支持银行业金融机构积极稳妥开展并购贷款业务，提高对创业企业兼并重组的金融服务水平
	进一步健全适应创业投资行业特点的差异化监管体制，按照不溯及既往、确保总体税负不增的原则，抓紧完善进一步支持创业投资基金发展的税收政策，营造透明、可预期的政策环境。规范发展市场化运作、专业化管理的创业投资母基金。充分发挥国家新兴产业创业投资引导基金、国家中小企业发展基金等引导基金的作用，支持初创期、早中期创新型企业发展。加快发展天使投资，鼓励有条件的地方出台促进天使投资发展的政策措施，培育和壮大天使投资人群体
	支持发展潜力好但尚未盈利的创新型企业上市或在新三板、区域性股权市场挂牌。推动科技型中小企业和创业投资企业发债融资，稳步扩大创新创业债试点规模，支持符合条件的企业发行“双创”专项债务融资工具。规范发展互联网股权融资，拓宽小微企业和创新创业者的融资渠道
	依托国家融资担保基金，采取股权投资、再担保等方式推进地方有序开展融资担保业务，构建全国统一的担保行业体系。支持保险公司为科技型中小企业

续表

针对的方面	重点内容
创新创业金融服务	知识产权融资提供保证保险服务。完善定向降准、信贷政策支持再贷款等结构性货币政策工具，引导资金更多投向创新型企业和小微企业。研究开展科技成果转化贷款风险补偿试点
创新创业发展高地	进一步夯实北京、上海科技创新中心的创新基础，加快建设一批重大科技基础设施集群、世界一流学科集群。加快推进粤港澳大湾区国际科技创新中心建设，探索建立健全国际化的创新创业合作新机制
	支持符合条件的经济技术开发区打造大中小企业融通型、科技资源支撑型等不同类型的创新创业特色载体。鼓励国家级新区探索通用航空、体育休闲、养老服务、安全等产业与城市融合发展的新机制和新模式。推进雄安新区创新发展，打造体制机制新高地和京津冀协同创新重要平台。推动承接产业转移示范区、高新技术开发区聚焦战略性新兴产业构建园区配套及服务体系，充分发挥创新创业集群效应。支持有条件的省市建设综合性国家产业创新中心，提升关键核心技术创新能力。依托中心城市和都市圈，探索打造跨区域协同创新平台
	将全面创新改革试验的相关改革举措在“双创”示范基地推广，为示范基地内的项目或企业开通总体规划环评等绿色通道。充分发挥长三角示范基地联盟作用，推动建立京津冀、西部等区域示范基地联盟，促进各类基地融通发展。开展“双创”示范基地十强百佳工程，鼓励示范基地在科技成果转化、财政金融、人才培养等方面积极探索
	发挥中国—东盟信息港、中阿网上丝绸之路等国际化平台作用，支持与“一带一路”相关国家开展创新创业合作。推动建立政府间创新创业双多边合作机制。充分利用各类国际合作论坛等重要载体，推动创新创业领域民间务实合作。鼓励有条件的地方建立创新创业国际合作基金，促进务实国际合作项目有效落地
政策落实“最后一公里”	完善创新创业信息通报制度，加强沟通联动。发挥推进大众创业万众创新部际联席会议统筹作用，建立部门之间、部门与地方之间的高效协同机制。鼓励各地方先行先试、大胆探索并建立容错免责机制。促进科技、金融、财税、人才等支持创新创业政策措施有效衔接
	开展“双创”示范基地年度评估，根据评估结果进行动态调整。定期梳理制约创新创业的痛点堵点问题，开展创新创业痛点堵点疏解行动，督促相关部门和地方限期解决。对知识产权保护、税收优惠、成果转移转化、科技金融、军民融合、人才引进等支持创新创业政策措施落实情况定期开展专项督查和评估
	建立定期发布创新创业政策信息的制度，做好政策宣讲和落实工作。支持各地积极举办经验交流会和现场观摩会等，加强先进经验和典型做法的推广应用

三、政策解读

目前，我国创新创业工作取得了巨大成效，各类市场主体不断涌现，市场活力不断激发，实现了从局部到整体的跨越式发展，成为促进我国经济结构调整、推动经济转型升级的重要动力，也是我国中小企业实现高质量发展的重要途径。《意见》的主要目标是全面提高国内创新创业服务质量，提升就业能力、科技成果转化能力及利用国内外创新资源的能力。具体则从环境、动力、就业、科技、平台、金融、资源集聚、政策落实等八个方面提出措施，全面优化我国“双创”生态环境，全面统筹财税、金融、科技、人才等相关政策，调动各部门、各地方的积极性和主动性，形成合力，促进我国创新创业工作迈上新的台阶。

第二节 《促进大中小企业融通发展三年行动计划》

一、出台背景

促进大中小企业融通发展是落实党中央、国务院决策部署，贯彻制造强国战略、创新驱动发展战略，推动我国经济走高质量发展道路的重要举措，也是促进我国大企业转型发展、中小企业走“专精特新”发展之路的重要途径。因此，为构建我国大中小企业融通发展格局，鼓励大中小企业通过创新组织模式、变革生产模式、重构创新模式、优化商业模式等方式，进一步推动我国大中小企业走融通发展道路，2018年11月21日，工业和信息化部会同国家发展改革委、财政部、国资委等四部委联合印发《促进大中小企业融通发展三年行动计划》（工信部联企业〔2018〕248号，以下简称《行动计划》）。

二、重点内容

《行动计划》通过挖掘和推广融通发展模式、发挥大企业引领支撑作用、提升中小企业专业化能力、建设融通发展平台载体，以及优化融通发展环境等五个主要行动，着力搭建大中小企业融通发展业态，进一步推动我国中小企业专业化融通发展，重点内容详见表9-2。

表 9-2　《行动计划》重点内容整理

针对的方面	重点内容
融通发展模式	构建大中小企业深度协同、融通发展的新型产业组织模式，提高供应链运行效率。发挥龙头骨干对供应链的引领带动作用，在智能制造、高端装备制造领域形成10个左右带动能力突出、资源整合水平高、特色鲜明的大企业。推动建立联合培训、标准共享的协同管理体系；打造多方共赢、可持续发展的供应体系，带动上下游中小企业协同发展
	打造产研对接的新型产业创新模式，提高产业创新效率，提升产业自主创新能力。形成10个左右创新引领效应明显的平台，发挥平台对各类创新能力的集聚整合作用。鼓励大企业建立开放式产业创新平台，畅通创新能力对接转化渠道，实现大中小企业之间多维度、多触点的创新能力共享、创新成果转化和品牌协同，引领以平台赋能产业创新的融通发展模式。围绕要素汇聚、能力开放、模式创新、区域合作等领域，培育一批制造业“双创”平台试点示范项目，促进平台成为提质增效、转型升级、跨界融通的重要载体
	加速构建数据协同共享的产业数字化发展生态，提高中小企业获取数据、应用数据的能力，推动中小企业数字化转型。鼓励企业进一步完善数据平台建设，在云计算、大数据、人工智能、网络安全等领域形成10个左右数据规模大、集聚能力强的企业。集成具有较好数据服务基础的中小企业，支持中小企业依托平台对外提供服务，通过共享平台计算能力和数据资源，扩大数据规模，强化中小企业品牌影响力。鼓励平台为中小企业提供数字化系统解决方案，支撑中小企业智能制造，引领行业数字化转型
	选择10个左右创新资源集聚、产业生态完善、协作配套良好的地区，推动基于融通模式的区域产业生态。鼓励建立龙头骨干带动的专业化配套集群。探索建立产学研协同区域创新网络，推动大中小企业针对产业、区域的共性技术需求展开联合攻关，加快共性技术研发和应用。打通区域内外企业信息链和资金链，加速区域内外大中小企业创新能力、生产能力、市场能力的有效对接，推动资源能力的跨行业、跨区域融合互补，提升产业协同效率
大企业引领支撑作用	支持制造业龙头企业构建基于互联网的分享制造平台，有效对接大企业闲置资源和中小企业闲置产能，推动制造能力的集成整合、在线共享和优化配置。鼓励大企业为中小企业提供一揽子的信息支持，包括上游产品供给、下游产品需求、产品质量及流程标准，提高全链条生产效率。推进工业强基、智能制造、绿色制造、服务型制造等专项行动，推动制造业龙头企业深化工业云、工业大数据等技术的集成应用，实现制造业数字化、智能化转型
	鼓励大企业联合科研机构建设协同创新公共服务平台，向中小企业提供科研基础设施及大型科研仪器，降低中小企业创新成本。鼓励大企业带动中小企业共同建设制造业创新中心，建立风险共担、利益共享的协同创新机制，提高创新转化效率

续表

针对的方面	重点内容
大企业引领支撑作用	鼓励大企业发展供应链金融，开展订单和应收账款融资、仓储金融等服务，帮助上下游中小供应商提高融资效率、降低融资成本。推动大企业以股权投资、股权质押融资等形式向中小企业提供专业金融服务。推动大企业与中小企业通过建立人才工作站、合作开发项目等方式开展人才培养使用的全方位合作
中小企业专业化水平	以智能制造、工业强基、绿色制造、高端装备等为重点，在各地认定的“专精特新”中小企业中，培育主营业务突出、竞争能力强、成长性好、专注于细分市场、具有一定创新能力的专精特新“小巨人”企业，引导成长为制造业单项冠军。鼓励中小企业以专业化分工、服务外包、订单生产等方式与大企业建立稳定的合作关系
	实施中小企业信息化推进工程，推动大型信息化服务商提供基于互联网的信息技术应用。推广适合中小企业需求的信息化产品和服务，提高中小企业信息化应用水平。鼓励各地通过购买服务等方式，支持中小企业业务系统向云端迁移，依托云平台构建多层次中小企业服务体系。推动实施中小企业智能化改造专项行动，加强中小企业在产品研发、生产组织、经营管理、安全保障等环节对云计算、物联网、人工智能、网络安全等新一代信息技术的集成应用
融通发展平台载体	依托特色载体打造大中小企业融通发展的新型产业创新生态。支持实体园区打造大中小企业融通发展特色载体，引导行业龙头企业发挥在资本、品牌和产供销体系方面的优势，打造有特色的孵化载体，开放共享资源和能力，推动大中小企业在创新创意、设计研发、生产制造、物资采购、市场营销、资金融通等方面相互合作，形成大中小企业协同共赢格局
	加快构建工业互联网网络、平台、安全三大功能体系，增强工业互联网产业供给能力；加快推进工业互联网平台体系建设，引导培育若干跨行业、跨领域平台和面向特定行业、特定区域的企业级平台；推动建设工业互联网安全公共服务平台，面向广大中小企业提供网络安全技术支持服务。发挥国家中小企业公共服务示范平台、国家小型微型企业创业创新示范基地等平台的资源整合和对接能力，畅通大中小企业融通发展渠道。依托全国信用信息共享平台，为大中小企业提供“信易贷”等创新信用产品和服务
融通发展环境	发挥互联网对融通发展的支撑作用。提升网络速率、降低资费水平，继续推进连接中小企业的专线建设。加快宽带网络基础设施建设与改造，扩大网络的覆盖范围，优化升级国家骨干网络，为实现产业链各环节的互联与数据顺畅流通提供保障。打造工业互联网网络体系，加快工业互联网网络体系建设，组织实施工业企业内网、工业企业外网和标识解析体系的改造升级

续表

针对的方面	重点内容
融通发展环境	发挥知识产权制度对企业创新的引导作用，强化知识产权保护，提高创新成果利用效率。推动建立大中小企业共创、共有、共享知识产权激励机制，提升知识产权转化运用效率。加快推进中小企业知识产权战略推进工程试点城市建设，加强知识产权保护意识、提高知识产权保护能力、降低企业维权成本
	鼓励中小企业参与“一带一路”投资贸易合作，在大型跨境电商的带动下充分利用跨境网络交易平台进行跨境产品交易、技术交流、人才流动，融入大型跨国公司的产业供应和产业创新体系。依托中德、中欧等中外中小企业合作区和合作交流平台，围绕绿色制造、生物医药、新材料等重点领域开展国际经济技术交流和跨境撮合，吸引高端制造业、境外原创技术孵化落地，推动龙头企业延伸产业链，带动专精特新“小巨人”企业融入全球价值链，促进单项冠军企业迈向全球价值链中高端，积极参与国际产业竞争

三、政策解读

《行动计划》提出，大企业与中小企业不仅仅是简单的产业链合作关系，还存在创新链、价值链等全方位、多角度的合作关系，为今后我国大企业与中小企业的合作提供了新思路。目前，我国企业的创新发展模式已经走向共创、互创，走向跨行业、跨界融合。大企业向中小企业开放资源，实现信息、资源共享，中小企业利用其机制灵活、创新活力强的优势，通过创新链、价值链反馈大企业，为大企业注入活力，是今后我国企业创新发展的重要途径。印发《行动计划》的目的在于，通过构建大中小企业融通发展的新产业生态体系，进一步提升我国中小企业的创新能力，提高其专业化水平以及产业创新活力，为加快新旧动能转换、促进其高质量发展创造条件。

第三节　《关于开展专精特新“小巨人”企业培育工作的通知》

一、出台背景

目前，促进我国经济脱虚向实的关键是大力发展以制造业为代表的实体经济。从国际经验来看，德国经济之所以能在欧债危机时屹立不倒，正是得益于坚持发展制造业，培育工匠精神。大力发展专精特新“小巨人”企业，引导我国中小企业走专业化、特色化道路，是全面贯彻落实党中央、国务院关于推动中小企业专业化发展的决策部署，进一步推动中小企业高质量发展的重要举措。鉴于此，2018年11月26日，工业和信息化部办公厅印发《关于开展专精特新“小巨人”企业培育工作的通知》((工信厅企业函〔2018〕381号，以下简称《通知》)，引导和鼓励中小企业走“专精特新”发展道路。

二、重点内容

《通知》主要包括工作目标、培育条件、组织实施等几部分，重点内容见表9-3。

表9-3 《通知》重点内容整理

针对的方面	重点内容
工作目标	专精特新“小巨人”企业是“专精特新”中小企业中的佼佼者，是专注于细分市场、创新能力强、市场占有率高、掌握关键核心技术、质量效益优的排头兵企业。《通知》计划利用三年时间（2018—2020年），培育600家左右专精特新“小巨人”企业。其中，2018年培育100家左右专精特新“小巨人”企业，促进其在创新能力、国际市场开拓、经营管理水平、智能转型等方面得到提升发展
培育条件	基本条件： ①在中华人民共和国境内工商注册登记、连续经营3年以上并具有独立法人资格的中小企业，符合《中小企业划型标准规定》(工信部联企业〔2011〕300号)规定，属于各省级中小企业主管部门认定的（或重点培育）的“专精特新”中小企业或拥有被认定为“专精特新”产品的中小企业，以及创新能力强、市场竞争优势突出的中小企业。 ②坚持专业化发展战略，长期专注并深耕于产业链中某个环节或某个产品，能为大企业、大项目提供关键零部件、元器件和配套产品，以及专业生产的成套产品。企业主导产品在国内细分行业中拥有较高的市场份额。 ③具有持续创新能力，在研发设计、生产制造、市场营销、内部管理等方面不断创新并取得比较显著的效益，具有一定的示范推广价值。 ④管理规范、信誉良好、社会责任感强，生产技术、工艺及产品质量性能国内领先。企业重视并实施长期发展战略，重视人才队伍建设，核心团队具有较好的专业背景和较强的生产经营能力，有发展成为相关领域国际领先企业的潜力。 有下列情况之一的企业，不得被推荐：在申请过程中提供虚假信息；近三年发生过安全、质量、环境污染事故；有偷漏税和其他违法违规、失信行为的

续表

针对的方面	重点内容
培育条件	重点领域： 专精特新“小巨人”企业的主导产品应符合《工业“四基”发展目录》所列重点领域，从事细分产品市场属于制造业核心基础零部件、先进基础工艺和关键基础材料；或符合制造强国战略明确的十大重点产业领域，属于重点领域技术路线图中有关产品；或属于国家和省份重点鼓励发展的支柱和优势产业。结合产业发展实际，后续将逐步扩大行业领域范围
	专项指标： ①经济效益。上年度企业营业收入在 1 亿元至 4 亿元之间，近 2 年主营业务收入或净利润的平均增长率达到 10%以上，企业资产负债率不高于 70%。 ②专业化程度。企业从事特定细分市场时间达到 3 年及以上，其主营业务收入占本企业营业收入的 70%以上，主导产品享有较高知名度，且细分市场占有率在全国名列前茅或全省前 3 位（如有多个主要产品的，产品之间应有直接关联性）。 ③创新能力。近 2 年企业研发经费支出占营业收入比重在同行业中名列前茅，从事研发和相关技术创新活动的科技人员占企业职工总数的比例不低于 15%，至少获得 5 项与主要产品相关的发明专利，或 15 项及以上实用新型专利、外观设计专利。近 2 年企业主持或者参与制（修）订至少 1 项相关业务领域国际标准、国家标准或行业标准。企业具有自主知识产权的核心技术和科技成果，具备良好的科技成果转化能力。企业设立研发机构，具备完成技术创新任务所必备的技术开发仪器设备条件或环境（设立技术研究院、企业技术中心、企业工程中心、院士专家工作站、博士后工作站等）。 ④经营管理。企业有完整的精细化管理方案，取得相关质量管理体系认证，采用先进的企业管理方式，如 5S 管理、卓越绩效管理、ERP、CRM、SCM 等。企业实施系统化品牌培育战略并取得良好绩效，拥有自主品牌，获得省级及以上名牌产品或驰名商标 1 项以上。企业产品生产执行标准达到国际或国内先进水平，或是产品通过发达国家和地区的产品认证（国际标准协会行业认证）。企业已建立规范化的顾客满意度评测机制或产品追溯体系
组织实施	组织推荐： 根据各地已培育认定的“专精特新”中小企业数量，确定推荐名额。各省级中小企业主管部门参考佐证材料，积极组织企业填写推荐表，择优推荐。已列为工业和信息化部公布的制造业单项冠军的企业不再推荐报送
	审核公布： 对各省级中小企业主管部门上报的推荐材料进行审核。根据审核结果，确定专精特新“小巨人”培育企业名单，并在工业和信息化部门户网站公布

续表

针对的方面	重点内容
组织实施	动态管理： 公布的专精特新“小巨人”企业有效期为3年，有效期满当年可再次申报。在有效期内发现为虚假申报或存在违法违规行为的，一经查实，予以撤销

三、政策解读

专精特新“小巨人”企业是中小企业中的佼佼者，是我国中小企业转型升级的中坚力量。《通知》从经济效益、专业化程度、创新能力和经营管理四个方面，确定了专精特新“小巨人”企业的评定标准，进一步提出2018年要培育100家左右的专精特新“小巨人”企业，促使其在创新能力、智能转型等方面得到提升发展，这为我国中小企业“专精特新”发展提供了借鉴，指明了道路。同时有利于鼓励和引导中小企业专注细分市场，提升产品特色，通过专业化、特色化发展，带动中小企业走高质量发展道路。

热 点 篇

第十章

经合组织全球中小企业融资环境评价①

中小企业的发展与国际贸易是国际经济领域的焦点。在国际市场中，各国均具备不同的贸易标准，应加大国际贸易标准在中小企业中的普及。报告对相关数据库进行计量经济分析，借助对标准的统一规范化整理，帮助中小企业了解世界贸易环境。

第一节　中小企业融资趋势

欧元区、日本和美国经济金融形势自 2011 年起一直表现疲软，该趋势在 2016 年继续保持，虽然 2016 年大宗商品价格略涨，但发达国家通货膨胀率预计将保持低位。接下来几年，只要潜在通胀压力遭到持续抑制（取决于大宗商品价格变动），货币政策预计将保持宽松。

一、全球中小企业贷款情况

新增贷款数据喜忧参半，在接受调查的 25 个经济体中，有 15 个经济体的新增贷款增长率为负值，2016 年绝大多数参与调查国家的中小企业未偿贷款存量继续增加，延续 2014 年以来的增长趋势。另一方面，信贷条件虽然优惠，但

① 说明：本章内容来源于联合国经济合作与发展组织 2018 年 3 月发布的《全球中小企业融资环境评价报告》（*Financing SMEs and Entrepreneurs*）的翻译。文中，评价分析基于 2007—2016 年的统计数据，并包含部分 2016—2017 年的中小企业融资政策。

新增贷款增长却呈现疲软态势，显示出信贷需求下降。

（一）中小企业新增贷款

2016 年，各国中小企业新增贷款增长率较上一年有所下降，在 15 个中小企业新增贷款负增长的国家中，有些下降幅度较大，其中 7 个国家(澳大利亚、加拿大、智利、哥伦比亚、捷克共和国、丹麦和英国）由前一年的正增长转为负增长，还有 5 个国家（奥地利、巴西、卢森堡、葡萄牙和斯洛文尼亚）在 2016 年的新增贷款降幅超过 2015 年的，只有少数几个国家的中小企业新增贷款增长率为正值。中小企业新增贷款增长率的中位数由 2015 年的 2.6%降至 2016 年的-5.6%。

新增贷款下降的原因在各个国家中略有不同，对于澳大利亚、奥地利、捷克共和国、荷兰和英国而言，调查数据显示信贷需求降低是新增贷款增长率下降的主要原因，信贷需求下降可能与投资动力疲软有关。在希腊、斯洛文尼亚和葡萄牙等国家，金融机构在向中小企业提供贷款时倾向于规避风险，而巴西和俄罗斯联邦的新增贷款下降的主要原因是宏观经济状况不佳。

（二）中小企业未偿贷款

2016 年，在 34 个被调查国家中，有超过一半的国家未偿贷款存量出现增长，其同比增长率中位数为 2.5%，略高于 2015 年的增长率中位数，但智利、哥伦比亚、哈萨克斯坦、格鲁吉亚和马来西亚等中等收入国家的信贷增长速度有所放缓。经合组织成员国的未偿贷款同比增长率中位数在 2015 年至 2016 年间从 1.25%增至 2.58%，反映出多数经合组织成员国未偿贷款存量相对较强的增长势头。

（三）中小企业贷款份额

中小企业贷款份额指中小企业贷款占全部企业贷款的比重。2016 年，各国中小企业贷款份额各有不同，既有巴西、加拿大、法国、意大利、俄罗斯联邦和美国的不到 20%，也有拉脱维亚、葡萄牙、斯洛伐克共和国和瑞士的 75%以上，并且与各国整体规模及其经济状况存在逆向联系，除国家规模外，人均收入与针对中小企业的贷款份额存在正向联系。2016 年，所有参与调查国家的中小企业贷款份额中位数为 42.2%，经合组织成员国的该项数据则是 55.7%。参与调查的非经合组织成员国的中小企业贷款份额则低于 50%，即使在格鲁吉亚和塞尔维亚这样的小国，情况也是如此，这可能反映出中等收入经济体的银行业部门有向大型企业贷款的偏好，而中国在整体规模和收入水平方面都是例外，2015 年有 65.5%的企业贷款流向中小企业。

中小企业贷款份额的中位数也让人们可以洞察整体趋势，该中位数从 2007 年的 40.9%降至 2010 年的 38.5%，可能反映了这段时期中小企业与大型企业相比更难获得银行信贷。2011—2016 年，中小企业贷款份额每年都在增长，2016 年达到 42.2%。中小企业新增贷款份额在 2007 年至 2009 年间有所下降，在 2014 年和 2016 年分别达到 19.8%和 24.2%。

虽然上述数据显示了中小企业近年来普遍经历了银行资金渠道的改善，但是应当根据具体情况谨慎解读，中小企业贷款份额提高可能显示出了大企业在融资机会和战略方面的趋势，而不是中小企业融资渠道的增加，特别是当这种增长发生在信贷普遍紧缩的时候。巴西和俄罗斯联邦的中小企业贷款份额下降，可能是因为小企业与大企业相比更难获得银行融资。当结合全部企业贷款和中小企业贷款的发展情况对中小企业贷款份额进行解读时，中小企业贷款份额的上升可能预示着如下几种发展状况：一是中小企业贷款增速超过企业贷款整体增速；二是中小企业贷款稳定或上涨，但企业贷款整体萎缩；三是中小企业贷款下降幅度小于企业贷款整体下降幅度。

（四）短期与长期贷款

关于贷款期限的调查数据显示，银行的中小企业贷款从短期贷款转向长期贷款。短期贷款是初始期限小于一年的贷款，如银行透支，通常用于提供企业周转资金，而长期贷款通常用于投资。数据显示，在 24 个国家中，超过半数国家的短期贷款份额出现下降。

一份研究发现：自从全球金融危机以来，在多数欧盟国家以及东欧多数经济体中，期限更长的贷款在银行贷款组合中占比较大，这也证实了短期贷款向长期贷款变化的情况。

二、全球中小企业信贷状况

（一）中小企业贷款利率

中小企业贷款利率整体出现下降趋势。2016 年，36 个国家中有 83.33%的国家的中小企业面临的平均利率出现下降。

2013—2015 年，大型企业贷款与中小企业贷款的利差大体保持稳定，在提供 2016 年数据的 34 个国家中，有 64.7%的国家出现利差下降的情况，利差中位数从 2015 年的 1.33%降至 2016 年的 0.88%，达到全球金融危机前的水平。

利差下降可能表明各国银行对中小企业的信贷条件放宽，但在部分国家则是由于国家对中小企业的政策造成的，例如哈萨克斯坦要求国家资金进入商业银行，在流动短缺时实施利率上限，为中小企业提供优惠资金支持，这就造成了 2009 年、2015 年和 2016 年该国中小企业与大企业间出现人为利差为负数的情况。在波兰，利差在整个基期保持在 0.5 个百分点以下，2011 年其平均值达到 0.1 个百分点，但某些行业（如房地产）的中小企业信贷情况在 2016 年下半年事实上趋紧了，同时伴随着非利息信贷成本的提高和更严格的抵押要求。

整体而言，整个调查期内，除中国外，所涵盖各国的利差均保持正值，大企业持续获得比中小企业更低的平均利率。

（二）中小企业贷款抵押要求

关于抵押的数据难以获得，而且由于各国数据来自研究方法、样本和问卷各不相同的需求侧调查，进行跨国比较时须务必谨慎。

在提供 2016 年数据的 16 个国家中，超过半数的国家抵押要求降低，降幅最大的是希腊和塞尔维亚，另外在哥伦比亚、爱尔兰、意大利、马来西亚、荷兰、瑞士和英国 7 个国家中则出现了抵押要求提高的情况。

虽无抵押贷款的明确发展趋势，但与全球金融危机前相比，近些年来银行对创新型企业和初创企业贷款更加谨慎。例如奥地利的调查数据显示，虽然信贷可用性整体提高，但无过往信贷记录和没有有形资产的初创企业面临着更严峻的信贷状况。在中国，抵押要求在 2009—2015 年稳定提高，从 2009 年的 50.6%升至 2015 年的 55.7%，这可能表明了中国信贷系统更趋于规避风险，导致中小企业贷款申请数量有所下降。在葡萄牙，84.0%的中小企业需提供抵押才可获得银行融资，该比率自 2009 年起就一直保持稳定，而在 2016 年，葡萄牙中小企业需按要求提供价格更高和质量更好的抵押品才可取得银行融资。初创期的创新型中小企业通常有着与其营收相比较高的融资需求，因此在金融机构眼中被视为更具风险的，而且通常很少有或完全没有资产可供抵押。虽然这些企业通常有着优质的无形资产，但如何通过隐性资产解锁中小企业融资，仍然存在诸多挑战。

金融机构在不断探索减弱风险的方式。例如，英国放开了大型银行保有的信用数据渠道，帮助金融机构了解企业更多信息，提高中小企业融资获得率。葡萄牙政府启动了“中小企业领袖计划”来建立银行与中小企业之间的信用渠道。该项目评选信用最佳的中小企业，并借助信誉度评估在中小企业与银行间建立互信桥梁。这种差异化对待有利于优化金融产品、设立公立和私立差别化金融产品、开展企业金融网络服务、改善中小企业与金融市场间的关系。参与“中小企业领袖计划”的中小企业数量已由 2008 年的 2996 家升至 2016 年的 7120 家。

（三）中小企业贷款拒贷率

关于拒贷率的数据也通常从需求侧调查中收集，各国之间的可比性有限。但这个指标有助于阐明中小企业信贷供应、衡量整体融资环境。拒贷率高，说明信贷提供限制较多。较高的拒贷率表明贷款需求未获满足，或者是因为贷款提供的条款和条件被视为不可接受的，贷款申请的一般信用度已遭到破坏或者银行在定量供应信贷额度。调查中，19 个国家汇报了 2016 年的中小企业贷款拒贷率数据，其中 14 个国家在 2015—2016 年出现拒贷率下降。这一趋势表明各国信贷条件在放宽，中小企业融资环境有所改善。

（四）中小企业贷款申请率

数据表明，在过去六个月中，通常有五分之一到三分之一的中小企业曾申请贷款，因此多数中小企业并未寻求外部融资。申请率提高表明贷款需求增强，并且应当配合拒贷率和贷款增长率进行解读，而申请率降低则是由于外部融资需求较低或拒贷率在提高。在意大利，申请率保持大致稳定，意大利中央银行指出，中小企业贷款需求在 2016 年下降。涵盖 17 个国家的 2016 年数据并未显示出清晰的趋势，中小企业货款申请率上升的国家数量与申请率下降的国家数量大致持平，近年来贷款需求一直保持稳定。

（五）资产支持融资

资产支持融资包括基于具体资产价值而非信贷表现的所有融资形式，对中小企业而言是完善融资渠道并被广泛使用的融资形式。租赁和分期付款购买以及保付代理和发票贴现都是多数经合组织成员国最著名和广泛使用的融资形式。租赁和分期付款购买要求资产所有人提供特定时间段内资产（如机动车、设备和房地产）的使用权利来换取一系列付款。保付代理和发票贴现要求企业将其应收账款按照折扣价出售给另一方。

1. 租赁和分期付款购买

数据显示，在 2016 年，租赁和分期付款购买规模连续两年强劲增长，在

27 个国家中，10 个国家出现两位数增长，仅在 7 个国家中出现下降，增长率中位数在 2014—2015 年为 9.1%，在 2015—2016 年为 6.8%（仅考虑经合组织成员国，分别为 9.1%和 6.1%）。

2. 保付代理

数据显示，2016 年保付代理规模大致呈上涨态势，但各国情况大不相同。在由国际保理商联合会（FCI）①提供的数据中，约三分之二的国家在 2016 年保付代理规模上涨，但哥伦比亚、芬兰、格鲁吉亚、匈牙利和日本出现保付代理规模同比增长率为负数的情况。多数国家的保付代理规模在全球金融危机刚发生时都有所增长。数据显示，保付代理的可用性并未受到危机爆发的严重影响，事实上其是传统银行或信贷融资的替代。

（六）其他融资渠道

全球金融危机发生后，随着银行贷款和中小企业信贷状况变化，人们愈加关注资本市场提供替代融资渠道的潜力。特别是具有巨大增长潜力的创新型初创企业，因其风险程度较高以及通常依赖于外部股权和债务支持增长活动，因而受银行贷款减少的影响最大。

1. 风险资本

2016 年，在有可比信息的国家中，有 64%的国家出现风险资本投资规模上升的情况。但在 2014—2015 年，风险资本投资规模只在 35%的国家上升，而在 65%的国家出现下降。数据显示，2016 年风险资本活动增加。2015 年整体风险资本投资规模上升，但在 2016 年出现下降（与风险资本投资总额超过其他国家总和的美国呈现相同趋势）。

对 28 国调查数据的分析显示，多数国家中风险资本对种子期企业的投资意愿在上升，对扩张期企业的则普遍下降。风险资本投资的 GDP 占比各国大不相同，在加拿大、芬兰、爱尔兰、韩国、以色列和美国的占比均超过 0.05%，在其他国家则不超过 0.01%。

① 国际保理商联合会（Factors Chain International，FCI）成立于 1968 年，是一个由全球各国保理公司参与的开放性的跨国民间会员组织，目前已有覆盖 75 个国家的 275 个成员单位。

2. 私人债务

私人债务是相对较新的创新融资方式，自全球金融危机发生后，商业银行加强信贷要求，私人债务融资市场规模才出现增长，通常是由一位一般与银行业机构并无联系的发起人通过发起中小企业贷款组合的形式来运作，与私募股权市场的差别在于涉及债务而非股权。发起人/替代借款人类型多样且不断扩大，包括资产经理人、大型金融机构分公司甚至还有美国的金融科技企业。

私人债务涵盖中高低风险收益的借款项目，比银行更善于处理流动性风险和融资风险，因其可让投资者做出长期融资承诺或限定投资资金赎回的锁定期，企业通常会将两种融资形式混合使用来填补融资缺口。私人债务融资特别适合面临重大转型，如所有者变更、向新市场和/或活动拓展或收购的中小企业。

2006—2016 年，全球私人债务融资市场规模增长将近三倍，管理下的资产从 1520 亿美元升至 5930 亿美元。该市场自 2006 年起稳定扩张，全球金融危机期间也未见萎缩，最大的单体市场仍是美国，占全球的 60%，但是增速最快的是欧洲，从 2010 年起，其份额就从全球的 10%升至 2015 年年底的 30%。

3. 股市

首次公开募股（IPO）为企业提供了另一条通过股市获得额外资金以及从私人持股公司转变为公开交易公司的路径。全球金融危机后，股市正在恢复，可以成为中小企业可行甚至颇具吸引力的选择。因为 IPO 是公司实力的潜在信号，因此可以成为进一步吸引资金的有效工具。

但对美国近期 IPO 情况的研究发现，自 2000 年起，上市公司数量整体呈下降趋势，而且在 IPO 总量下降的部分里小企业占大部分：首次市场资本化低于 7500 万美元的公司，1997 年有 168 起 IPO，但在 2012 年仅有 7 起。另一个指标是 IPO 收益，在收益低于 3000 万美元以及 3000 万美元到 1.2 亿美元之间的公司组别中，IPO 数量与 20 世纪 90 年代中期相比大幅降低，但对比两个时期的年均收益，发现筹集的年均收益并未下降很多（由 20 世纪 90 年代的 370 亿美元下降至 2000 年的 330 亿美元），进一步证明了大型企业 IPO 数量的增加。

欧洲的股市情况与美国的大致相同。2013—2016 年，欧洲股市上市公司的数量出现上涨，虽然低于全球金融危机前的水平，但可表明企业在借助上市寻求资金方面的兴趣有所复苏。此外，欧洲上市中小企业数量明显下降，其原因主要包括以下几点：首先是中小企业家们更倾向于通过并购来寻找退出渠道而不是通过 IPO 来获取资金。其次是中小企业家缺乏 IPO 的相关资源、知识和资金。最后可能是投资者的心态尚未从全球金融危机的冲击中完全恢复。同时，银行为了规避风险也更倾向于向大盘股企业发放贷款，使得中小企业必须寻找其他融资方式。

4. 集合投资工具

集合投资工具为散户投资者提供投资中小企业的机会，相较于其他投资方式，集合投资工具更简单，对于投资金额要求也更低。一般由专业从事投资管理的公司创建一个集合投资基金并向公众出售。投资者按比例购买集合投资计划的股权，同时取得这些股权所产生的利息、分红和资本收益。集合投资工具是经合组织成员国金融系统近几年主要发展的融资模式，成为散户参与资本市场的主要渠道，目前在法国、加拿大和英美等国流行。

5. 网络金融

网络金融是通过中介平台为某项目/企业筹集公众资金的方式，包括 P2P 借贷活动、股权众筹和网络票据交易融资。虽然并非新型融资工具，但其在补足传统融资方式满足企业融资需求方面的潜力近年来大大增强。

在加拿大、南美国家和美国均出现网络金融规模迅猛增长的趋势，2015 年其增长率为 23%，其中最大份额在美国出现。美国 2016 年网络金融的总市场份额为 345 亿美元。截至 2016 年，中国是网络金融融资工具的最大市场，2016 年，中国以此方式筹集资金 2432.8 亿美元。欧洲的网络金融市场在英国最为发达，英国总量远超欧盟其他 27 国的总和。

6. 企业天使投资

根据欧洲天使投资网络（EBAN）的统计，欧洲的天使投资资金在 2016 年增长了 8.2%，至 670 亿欧元，占所有企业早期投资的三分之二。天使投资在美国也迅速发展，天使投资团体的直接投资额在 2016 年翻了一番以上。在欧洲和美国，天使投资资金规模具有地区差异：在欧洲，资金规模排名第一的是英国，其次依次是西班牙、芬兰和德国；在美国，加利福尼亚州在 2016 年取得的天使投资金额占美国整体规模的 30%，其次是纽约州，占 11%。

第二节 近年来各国政府中小企业融资政策

中小企业融资是世界多数地区政策日程表的重中之重，近年来，各国政府在已有政策工具之外，推出了多项举措推动多渠道融资。

一、信贷担保仍是最为普遍的政策工具

除澳大利亚、格鲁吉亚和新西兰之外，多数国家都有信贷担保计划。信贷担保计划可大致分为个人担保和组合担保。信贷担保是政府减缓金融危机影响的主要工具，在金融危机发生后的多个国家中出现数量激增的情况。近年来，信贷担保在各国发展形势不一。

各国的中小企业信贷担保计划在不断修改完善，以便满足受益机构不断变化的需求。在拉脱维亚，拉脱维亚发展金融研究所（The Latvian Development Finance Institute）利用中小企业信用担保作为抵押品从商业银行获得贷款。在瑞士，瑞士联邦政府设立资助贷款担保合作社为中小企业进行银行贷款提供便利，按照银行设定的利率，根据项目风险状况，为每家企业提供最高50万瑞士法郎的担保。除了利息之外，企业还需向贷款担保合作社支付 1.25%的手续费，目前瑞士正计划修改担保限额至100万瑞士法郎。

二、促进股权型融资工具及其他融资渠道发展

整体而言，更均衡的资本架构能提高吸引银行信贷的可能性，而且能带来更高的就业和营收增长。数据显示，在多个国家中，对银行信贷的严重依赖阻碍了金融危机后经济的恢复。高速成长期的中小企业在寻求外部融资方面也受到一些挫折。

捷克共和国近年来启动了新的风险资本基金，通过捷克斯洛伐克贸易银行（CSOB）与欧洲投资基金（EIF）合作，计划两年提供 5000 万欧元，对创新企业提供种子期和初创期的融资。欧洲议会的欧洲投资计划，即容克计划（The Juncker Plan），也对此提供了支持，这是首个由欧洲投资基金管理的母基金（FOF），旨在促进企业创新创业发展，并帮助早期阶段的中小企业健康运行。

加拿大政府承诺通过加拿大商业发展银行（BDC）提供 4 亿加元用以创建一个新的风险资本催化剂项目（VCCI），增加向加拿大企业家提供扩张期的风险资本。加上其他渠道的资金，VCCI 可以为加拿大创新资本市场注入 15 亿加元的资金。

由国家行为体提供的市场补充型融资旨在加强私人市场力量薄弱的环节和改善部分融资状况。在瑞典，市场补充型融资目前就由国有企业中小企业投资公司（Almi）和瑞典工业基金（Industrifonden）提供，瑞典国会通过了促进创新和可持续增长的公共融资架构提案，旨在澄清和简化当前的国家风险资本融资架构，帮助企业更好地利用本地区的公共资源，促进瑞典工业的健康发展和创新。另外，瑞典政府还建立了 Saminvest 公司，通过私人管理的风险资本基

金对处于发展期的公司进行投资。

扶持小企业更多样化的融资选择，从而对政府放宽中小企业信贷融资的政策构成补充，这种双管齐下的方式也符合《G20/OECD 中小企业融资高级别原则》。该文件为想要改善中小企业融资状况的政府提供了大致的指导原则，可作为政策制定的一般框架，适用于多种情况和不同的经济、社会和监管环境。

三、世界各国政府继续通过改革金融监管的方式鼓励众筹活动

世界各国都在积极推广创新型融资新模式，如 P2P 借贷和众筹，增加中小企业可用的融资选择，缓解其融资难问题。

新西兰引进了特许股权众筹框架，一年内有 4 家特许运营商为 27 家公司提供了 1490 亿新元的零售投资。新西兰目前有 8 家金融市场监管局特许的众筹平台，企业可通过平台网站向公众出售其股份。

智利成立了首家众筹平台 Cumplo 来推动该产业发展，并进一步成立了智利金融协作协会（AFICO）来创建自律框架和最佳实践法规，提高行业内投资者和中小企业的信息透明度。该国财政部部长领导的金融稳定委员会也成立了一个工作组，旨在确定众筹的监管框架，平衡投资者保护和中小企业融资便利化选项。

法国也采取了创新方式鼓励中小企业将众筹作为融资渠道之一。信贷调解计划（Mediation du Credit）与众筹平台联盟 Finance Participative France 签署了合约。属于信贷调解计划的企业将被告知使用众筹解决其融资需求的可能性，众筹平台则将会告知企业哪些项目未被他们网站选中，让企业转向信贷调解计划寻求帮助。这两个融资渠道的集合旨在增强不同情况的中小企业的融资渠道。

墨西哥政府一直支持众筹行业发展，自从首个众筹平台 Fondeadora 建立之后，多家组织和政府机构以及墨西哥总统数字战略办公室协同促进该国众筹生态的发展，并致力于通过《金融科技法》创建该行业的监管框架，旨在保护众筹平台的用户和其他金融科技发展，防止欺诈和网络攻击，确保信息透明和信息披露的真实性。该法案还要求金融科技机构（包括众筹平台）落实相关政策，防止洗钱和资助恐怖主义的行为发生。

四、通过实行全面的政策改革，解决创新型初创企业的融资缺口问题

各国政府在过去借助各类政策措施，促进高增长潜力和技术先进的中小型企业初创生态系统成长，其中包括改善融资渠道以及解决其他担忧（如监管负

担、管理技能、获取劳动力、治理、创新和国际化）的具体努力。特别是多个国家实施了综合性的“初创企业一揽子方案”，鼓励高影响力企业的创立和成长。此类项目或措施在多个参与调查的国家中都有出现。

初创企业生态系统的发展是拉脱维亚政府的关注重点。拉脱维亚的《初创企业法》降低了对初创企业雇员的税款，对雇员工资实施单一税，减免了个人和企业所得税。近年来，该国政府引进针对初创企业创始人的初创企业签证制度，还将建立几个新的加速基金以及种子期和初创期企业基金，并为初创企业提供创新券，提供实验性开发、原型制作、知识产权和新产品/技术测试及认证等需求的支持。

近年来，奥地利政府启动了初创企业项目，连续三年总投资将达1.85亿欧元，旨在培育现有企业实现潜力，并减少影响奥地利初创企业生态系统的障碍，项目内容包括拓展奥地利企业天使基金、设置新的投资者风险资本溢价来推动创新型初创企业的股权融资，并对中小企业融资机构 MiFiG 的私有投资免征红利税。

智利生产促进局（CORFO）负责管理“智利初创企业计划”，旨在吸引处于早期创业阶段的世界级企业家来到智利，共同营造生机勃勃的创业生态系统。该计划为企业家提供无股权要求的1000万智利比索资金支持，并为外国企业提供最多三人的一年期工作签证。

意大利持续更新《创新企业法》中的条款，惠及创新型意大利初创企业，其中包括大量不同的一揽子政策措施，涉及公司运营周期的方方面面。意大利经济发展部设立意大利初创企业签证（ISV）项目，针对想要在意大利创建创新型企业的非欧盟公民引进一套授予自雇签证的网上集中快速免费流程。其他措施包括“快速放弃”流程，使企业家可以摆脱破产流程重新创业，快速和免费取得国家中小企业担保基金，以及通过股权众筹门户网站筹集资金。

墨西哥选择以配套资金的方式鼓励初创企业生态系统的创新活动。墨西哥创建“高影响力创业项目”，扶持以知识为基础的创新型中小企业，使得具有最高增长潜力的中小企业可以发展 IT 平台和金融/管理/商业咨询服务。墨西哥国家创业局（INADEM）创建了“风险资本行业扶持计划”，加大分配给风险资本基金的资源，借助外国和本国融资工具投资高影响力的墨西哥企业，受益企业也会得到指导和咨询服务以便更成功地升级其项目。

希腊在全球金融危机之后深刻地认识到扶持创新型初创企业的重要性并实施了多项相关措施，近年来，创建发展研究所作为非银行金融机构，借助推动民间企业融资，支持中小企业创新发展，成立的股权基金（EquiFund）是一种借助提供股权来实现高增加值投资的基金，其初始总资金为 3.2 亿欧元，主要投入三大领域：企业研究和创新、初创企业创业项目和发展中企业创业项目。

五、中小企业的融资需求在地区层面受到关注

各地区政府为满足各地中小企业的融资需求，定制了许多地方性政策改革措施，行之有效的措施可以作为经验被其他地区借鉴，缓解各地中小企业融资难问题。

英国商业银行（British Business Bank）启动了首个专注于地区的基金，即价值 4.5 亿英镑的北部振兴投资基金（NPIF）。这是英国商业银行与英国西北大区、约克郡和亨伯河三角洲以及蒂斯河谷的十家“当地企业合作伙伴”（LEPs）合作的成果，该基金提供商业化融资，协助企业初创和发展。该基金还运用从英国政府、欧洲地区发展基金、英国商业银行和欧洲投资银行筹集来的 4 亿英镑用于协助本地区的企业扩大升级，成为政府北部振兴战略的组成部分。该基金通过三种方式提供商业融资：小微融资、债务融资和股权融资，目的是为中小企业提供投资和支持，培育地区创业发展，并且还会支持新建的和成长型中小企业创造就业岗位，以及鼓励和吸引更多的私营部门投资。

同样，在法国扶持微型企业发展的努力中，法兰西银行（法国央行）在每个地区为这些企业设立了一位联络人，为企业提供建议并在必要时参与讨论其财务经营状况，在具体问题出现之前加以解决。法兰西银行已经任命 100 位左右的顾问，专门服务于雇员少于 10 名、营业额少于 200 万欧元的企业。该计划的目的是打破企业之间的孤立状态，提前为中小企业解决财务问题。

第十一章

“无还本续贷”助力缓解小微企业融资难题

“鼓励商业银行开展基于风险评估的续贷业务”“减少企业高息‘过桥’融资”是《国务院办公厅关于多措并举着力缓解企业融资成本高问题的指导意见》（国办发〔2014〕39号）提出的重要措施。金融管理部门不断强化监管引领和政策支持，推动落实无还本续贷政策。

第一节 “无还本续贷”的重要意义

一、弥补金融资源错配

银行发放给企业的贷款期限越长，需要承担的风险越大。为了规避风险，银行通常以发放短期贷款（贷款期限一年以内）为主。对企业而言，中长期贷款审查流程烦琐、所需材料复杂、审批时间较长，且申贷成功率极低，耗时费力，企业更倾向于申请短期贷款。因此，市场上的企业银行贷款绝大多数都属于短期贷款。

但是，对许多企业而言，银行借贷资金主要是为了进行设备、厂房等中长期投资，尤其在转型升级关键时期，企业的发展更需要中长期信贷支持，金融服务实体经济发展的作用亟待显现。企业中长期贷款需求与信贷市场以短期贷款为主的矛盾日益凸显，我国金融资源错配的问题愈加突出。

2014年，银监会就要求银行创新小微企业流动资金贷款服务模式：对流动资金周转贷款到期后仍有融资需求又临时存在资金困难的小微企业，如果其满足生产经营正常、财务状况良好、还款能力与还款意愿强等 5 个条件，经其主动申请，银行业金融机构可以提前按新发放贷款的要求开展贷款调查和评审，审核合格后可以办理续贷。“无还本续贷”通过在贷款到期前，依据银行对企业客户的行为评估以及历史数据，支持符合条件的小微企业自动续贷或延长贷款的使用期限，变相解决了企业对中长期资金的需求，是弥补金融资源错配的重要手段。

二、缓解小微企业融资难融资贵

为了每年按时归还银行短期贷款，企业通常借助政府应急转贷资金、小额贷款公司、P2P 平台、民间借贷等渠道融资，即通常所说的“过桥”，增加了信贷环节，变相延长了信贷链条，大幅增加了企业的融资难度。小额贷款公司与P2P平台贷款年利率几乎都在10%以上，高的甚至达到24%左右，短则几天、长则数月的“过桥”环节大幅增加企业的借贷成本，导致企业必要的流动资金不足，甚至资金链断裂。由于“过桥”资金利润空间大，甚至极个别银行信贷员与“过桥”资金提供方联合起来，故意延缓放贷时间，赚取企业的过桥利息，进而更加剧了企业贷款成本。“无还本续贷”帮助企业跳过不必要的“过桥”环节，大幅降低融资成本。根据央视新闻报道，山东德州的一家辣酱企业通过“无还本续贷”的融资方式节省了 500 万元费用。

三、引导金融资源流向实体经济

当前“过桥”资金需求激增，在“过桥”资金高额利润驱使下，大量民间资本涌入该领域，而非投入实体经济。不合理的金融资源分配方式，严重制约了企业发展。同时，为了帮助企业“过桥”，避免重点企业资金链断裂，维护地方金融环境稳定，许多地方政府设立“应急转贷资金”。由此可见，“过桥”环节占用了大量民间、政府金融资源，严重拉低了金融资源的使用效率，进而制约了我国经济转型升级、高质量发展的进程。“无还本续贷”直击贷款环节的痛点，彻底清除“过桥”环节，破除“过桥”资金投资理财的作用，从而引导财政资金、民间资金等金融资源流入实体经济，支持实体经济发展。目前，山东（德州）、上海、浙江、福建等地政府已经纷纷发布政策文件，支持“无还本续贷”的推广，将“无还本续贷”作为推动实体经济发展的重要举措。

第二节　关于推广"无还本续贷"的几点问题

一、警惕行政部门过度干预，谨防"无还本续贷"变成政府为"僵尸企业"输血的工具

银行开展"无还本续贷"业务的本质是对资信水平高、市场前景好、发展动力强、暂时有困难的优质企业进行支持，而非大水漫灌式的金融支持。政府应把握好自身定位，仅从宏观层面给予引导，不通过制定行政指令、制订考核要求等方式过度干预，充分尊重企业市场主体的地位，将是否对企业开展"无还本续贷"的决定权完全交由银行。银行自担风险，保证金融资源真正流向符合银行信贷审核标准的优质企业，避免金融资源流向"关系户"企业、"两高一低"企业、"僵尸企业"等。目前部分农村商业银行、地方中小银行开展业务相对积极，但许多银行仍处于观望阶段，建议地方政府可结合实际情况制订奖励措施，给予开展"无还本续贷"业务的银行一定的贴息补贴、代偿补贴等优惠政策支持，同时，降低对"无还本续贷"业务的不良率考核要求，激发股份制商业银行、大型商业银行等金融机构开展此项业务的积极性。

二、警惕银行不规范操作，谨防"无还本续贷"成为银行掩盖不良资产的途径

为了加强风险管控，2007年印发的《贷款风险分类指引》第十条规定：借新还旧，或者需通过其他融资方式偿还的贷款应至少归为关注类。就贷款划入关注类而言，会给商业银行带来两方面负面影响，一是正常贷款比重下降，影响银行形象；二是关注类贷款要增提2%的专项拨备，增加银行成本。"无还本续贷"本质上也属借新还旧，但因为它解决了企业"过桥"环节的成本和风险问题，因此得到了监管层的认可和鼓励，无须下调贷款评级。

目前，"无还本续贷"仍在探索中，与普通贷款相比，审核标准尚不统一，人为操作空间相对较大。应加强对银行的监管，督促银行加强审核标准的同一化，建立多维度、多层面、多部门的审查机制，谨防银行将"无还本续贷"作为掩盖不良贷款的工具，避免信贷人员权力过于集中等问题，警惕"无还本续贷"成为某些银行信贷人员权力寻租的工具，保证贷款真正流入需要的企业。

三、警惕小微企业投机取巧，谨防“无还本续贷”成为小微企业欠债赖账的手段

银行在开展“无还本续贷”为小微企业提供融资便利的同时，也不应弱化对其的融资监控。尤其在当前经济形势下，小微企业生存环境不乐观，整体盈利水平较低，还贷能力、还贷意愿不高，应警惕“两高一低”、生存能力弱、市场前景差的企业投机取巧，恶意利用“无还本续贷”拖欠银行贷款的情况。建议对“无还本续贷”设置门槛，一是限定企业“无还本续贷”次数，如不允许连续两年续贷的情形出现；二是适当提高“无还本续贷”成本，确保金融资源真正流入优质企业，助推企业转型升级。

展望篇

第十二章

2019 年中小企业发展趋势展望

2019 年，预计国际经济环境复杂，中小企业外需增长受限，但国内经济总体发展平稳，普惠性减税降费效果逐步显现，同时，伴随着深化改革相关措施的不断落地，我国经济韧性将进一步增强，中小企业发展环境稳中向好。尽管如此，中小企业发展也面临较多问题，包括税费负担重、技术实力弱、理念认识不足、成本上升挤压利润空间、融资难融资贵等。因此，还需继续推进体制机制改革，进一步优化中小企业发展环境，加强趋势预警与政策研判，推动跨区域国际合作，提高中小企业专业化发展能力和水平，推动中小企业加速转型升级，提升核心竞争力。

第一节 对 2019 年发展形势的基本判断

一、宏观经济下行压力加大，中小企业外需增长受限

2018 年，我国 GDP 同比增长 6.6%，四个季度 GDP 增速前高后低，分别为 6.8%、6.7%、6.5%和 6.4%，完成了《政府工作报告》年初确定的 6.5%的 GDP 增速目标。联合国《2019 年世界经济形势与展望》预测我国经济增速将从 2018 年的 6.6%减缓至 2019 年的 6.3%，尽管预期增速略有下调，但在世界主要经济体中我国经济增速仍然名列前茅。

从工业生产来看，2018 年全国规模以上工业增加值同比增长 6.2%，比 2017 年低 0.4 个百分点。尽管工业整体增速略有放缓，但高端制造业领域仍保持较快增长势头，2018 年高技术制造业、战略性新兴产业和装备制造业增加值同比增速分别达到 11.7%、8.9%和 8.1%，较规模以上工业增加值同比增速分别快 5.5、2.7 和 1.9 个百分点。这意味着我国新经济发展迅速，产业转型升级取得

一定成效。

从服务业发展来看，我国第三产业已经成为推动经济增长的主要动力，服务业增加值已经超过第二产业，这标志着我国已经进入一个以服务和消费为主导的经济发展阶段，而且目前只是经济转型初期阶段，服务业未来仍有更大潜力有待释放。2018 年我国社会消费品零售总额为 38.1 万亿元，同比增长 9.0%，增速较 2017 年放缓 1.2 个百分点，但其增速水平仍远高于固定资产投资 5.9%的增速水平。此外，大量新经济相关服务业领域的增速高达百分之几十，例如信息服务业同比增速高达 30.7%，软件和信息技术服务业同比增长 14.2%，大数据、云计算、移动游戏、旅游平台等子行业增速也高达 30%～50%，这意味着我国新经济活力明显。

从进出口发展来看，2018 年，我国出口总额为 16.42 万亿元，同比增长 7.1%，增速较 2017 年下降 0.8 个百分点；进出口总额再创历史新高，首度超过 30 万亿元，达到 30.51 万亿元，同比增长 9.7%，尤其在国际贸易摩擦的影响下，我国出口仍然保持着平稳的发展态势。在外汇储备方面，2018 年 12 月末外汇储备达 30727 亿美元，国际收支及外汇市场供求基本平衡，汇率变化尚未出现失速风险。

2019 年，国际经济环境复杂，国际贸易摩擦增加了经济发展的不确定性，剔除 2 月份春节的影响， 2019 年上半年国内出口增速出现较大下滑，中小企业外需增长受限。但国内经济总体发展平稳，尤其随着国内“三去一降一补”政策的持续深入推进，困扰我国经济结构调整的深层次问题在供给侧结构性改革的推动下不断缓解，宏观经济有望继续保持稳定发展势头。尽管外需市场形势严峻，使中小企业发展面临一定压力，但内需平稳和消费升级将为中小企业的产品和服务升级提供广阔的需求市场，有望为中小企业转型发展带来新的增长空间。

二、融资难进一步得到缓解，融资环境有所改善

2018 年，为提高小微企业融资的可获得性，进一步优化小微企业融资环境，工业和信息化部联合财政部印发《关于对小微企业融资担保业务实施降费奖补政策的通知》，全面实施小微企业融资担保业务降费奖补政策，利用担保的放大效应撬动更多金融资源服务小微企业。原银监会印发《关于 2018 年推动银行业小微企业金融服务高质量发展的通知》，引导银行业提高小微企业金融服务质量，重点从完善机构体系、提升服务效率、改进贷款支付、落实尽职免责等方面明确具体要求，推动银行业小微企业金融服务提高质量和效率。此

外，地方各相关部门也都将纾解中小企业融资难作为工作重点，并结合各地实际情况出台融资支持政策措施，对缓解中小企业融资难具有重要的促进作用。根据银保监会发布的统计数据，截至2018年年末，全国全口径小微企业贷款余额33.49万亿元，占各项贷款余额的23.81%。其中，普惠型小微企业贷款余额9.36万亿元，较2018年年初增长21.79%，较各项贷款增速高9.2个百分点，有贷款余额的户数1723.23万户，比2018年年初增加455.07万户。贷款利率稳步下降，2018年第四季度银行业新发放普惠型小微企业贷款的平均利率为7.02%，较第一季度下降0.8个百分点，其中18家主要商业银行的该项数据较第一季度下降1.14个百分点，较好地实现了普惠型小微企业贷款“两增两控”①目标。

2019年，中小企业融资环境有望进一步改善。习近平总书记在民营企业座谈会上强调“要优先解决民营企业特别是中小企业融资难甚至融不到资问题，同时逐步降低融资成本。要改革和完善金融机构监管考核和内部激励机制，把银行业绩考核同支持民营经济发展挂钩，解决不敢贷、不愿贷的问题。要扩大金融市场准入，拓宽民营企业融资途径，发挥民营银行、小额贷款公司、风险投资、股权和债券等融资渠道作用。”随着工业和信息化部推动建设的各地中小企业担保体系不断壮大，银保监会“两增两控”及普惠金融工作推进不断加强，中小企业能够获得的有效金融资源正在持续增加。伴随资本市场改革的不断深化，“科创板”已成为多层次资本市场体系建设的重要突破，中小企业的融资渠道将更加丰富。总体而言，尽管中小企业一直面临“融资难融资贵”的问题，但随着民营经济、中小企业发展环境不断优化，纾解中小企业融资难系列政策措施的效果陆续显现，中小企业融资环境有望获得持续改善。

三、创新创业持续推进，经济活力将进一步提升

2018年，国务院在创新创业方面进一步出台《关于推动创新创业高质量发展打造“双创”升级版的意见》，重点在简政放权释放创新创业活力、搭建大中小企业融通发展平台、加大财税政策支持力度，以全面推动创新驱动发展战略的落实。为推动大中小企业融通发展，工业和信息化部联合国家发展改革委、财政部、国资委共同印发《促进大中小企业融通发展三年行动计划》，提

①“两增”即单户授信总额1000万元以下（含）小微企业贷款同比增速不低于各项贷款同比增速，贷款户数不低于上年同期水平；“两控”即合理控制小微企业贷款资产质量水平和贷款综合成本，突出对小微企业贷款量质并重、可持续增长的监管导向。

出用三年时间支持不少于50个实体园区打造大中小企业融通发展特色载体，培育 600 家专精特新“小巨人”和一批制造业单项冠军企业等目标，不断优化和完善大中小企业融通发展生态。此外，中央及地方各相关部门持续推动商事制度改革，不断优化营商环境，推动各部门之间加强信息共享，中小企业创新创业环境不断得到优化。

根据国家市场监督管理总局统计，2018 年，我国实有市场主体 1.1 亿户，新登记市场主体 2149 万户；其中企业市场主体 3474.2 万户，新登记企业主体 670 万户，平均每天新登记企业主体 1.8 万户。市场主体数量达到新高，新登记市场主体成为推动经济转型的重要加速器。世界银行公布的《2019 年营商环境报告》显示，我国营商环境总体评价排名较去年提升 30 多位，在 190 个经济体中排名第 46 位，我国商事制度改革取得的成效已经获得世界银行的高度认可。

展望 2019 年，随着创新创业文化日益深入人心，中央及地方相关政策措施不断丰富和完善，创新创业系列政策经过多年的积累其效果将更加凸显。可以预期，在国家创新驱动战略的推动下，中小企业创新创业环境将日益优化，我国经济活力将不断提高，中小企业转型升级进程将不断加快，有望迎来新一轮创新创业高潮。

四、发展环境稳中向好，未来发展预期谨慎乐观

2018 年中小企业发展形势稳中趋紧。根据中国中小企业协会的统计数据，2018 年中小企业发展指数的宏观经济感受指数稳中略降，从第一季度的 106.4 降低到第四季度的 106.3，中小企业发展指数的综合经营指数也从第一季度的 104.9 下降到第四季度的 104.8，说明中小企业发展形势整体相对稳定，但出现略微趋紧的发展趋势。在市场方面，中小企业发展指数的市场指数从第一季度的 90.7 下降到第四季度的 90.3，连续三个季度下降，虽然降幅不大，但反映了中小企业市场空间仍在收缩，不利于中小企业开拓市场。

展望 2019 年，全球经济下行风险增加，根据联合国《2019 年世界经济形式与展望年中报告》，当前国际政策不确定性高、商业信心不断减弱，全球经济增长持续放缓，预计 2019 年增幅将放缓至 2.7%，较 2018 年下降 0.3 个百分点。在此背景下，中小企业面临的国际环境依然严峻。2019 年上半年，剔除 2 月份春节影响，我国出口贸易增速呈现快速下降态势，出口增速由 2019 年 3 月的 14.2%下降到 5 月的 1.1%。受整体出口形势影响，外向型出口加工类中小企业将面临更复杂的国际贸易环境。尤其是全球经济增长出现放缓态势，国际贸易形势依然不容乐观，贸易摩擦升级风险依然存在，中小企业外需形势依然严

峻。尽管如此，从国内环境来看，宏观经济仍保持平稳发展态势，尤其伴随减税降费、纾解融资难等改善民营经济发展环境系列政策的效果不断显现，中小企业税费负担将不断下降，融资环境将有所改善，中小企业发展环境有望不断优化，未来发展预期谨慎乐观。

第二节　中小企业转型升级面临的问题

随着我国经济发展进入新常态，国内宏观经济下行压力仍然存在，国际环境不确定性增加，转型升级仍是中小企业未来很长一段时间发展的核心主线，但当前中小企业转型升级仍面临如下突出问题。

一、企业内在层面：存在三大压力

一是税费负担重。中小企业经常反映当前制约企业发展和提高质量效益的最大挑战是税费负担较重，尤其当前宏观经济下行压力加大的同时税费征缴规范度又在不断提升，中小企业普遍反映成本负担仍在加大。例如，由于“五险”中有“四险”与最低工资标准挂钩，随着最低工资标准不断提高，企业的社保缴费压力不断增加。

二是技术实力弱。我国经济结构正处于深度调整期，传统产业市场竞争压力不断加大，新兴产业技术含量要求高，中小企业普遍技术人才储备不足，面对产业变迁和新经济兴起，企业内部信息化水平低、创新能力不足、产品结构单一、产业低端化等问题都较为突出，制约了转型升级的进程。

三是理念认识不足。中小企业更多将转型升级作为一种战略，在战术层面往往更多依赖传统的生产经营模式，并没有开始实际执行，原因在于企业转型升级需要投入大量人、财、物等相关成本，并且未必能达到预期成效。因此，中小企业经常报以观望的态度，对转型升级的紧迫性认识不足。

二、外部环境方面：面临三大制约

一是成本上升挤压利润空间。由于国内市场变化及国际市场波动，我国中小企业成本近年来一直处于上升趋势。中国中小企业协会的统计数据显示，中小企业发展指数的成本指数在 2019 年前三个季度分别为 102、101.9 和 101.7，连续两个季度下降。成本指数是逆向指数，指数下降代表成本上升，说明原材料、人力等成本持续上涨。这会侵蚀中小企业微薄的利润空间，致使中小企业内生性积累不足，转型升级动力不够。

二是融资难融资贵制约中小企业发展。目前，融资难融资贵依然是中小企业普遍面临的共性问题。以中小企业融资的主渠道——银行信贷为例，截至 2018 年年底，全国全口径小微企业贷款余额 33.49 万亿元，占各项贷款余额的 23.81%，这相对于庞大的企业基数而言仍显不足，中小企业融资难融资贵问题仍较为普遍。

三是公平市场主体地位有待加强。中小企业因自身规模和实力限制，在市场中往往属于弱势群体，常存在被大企业拖欠账款的情况，企业合法权益不能得到有效保护。一些行业对于企业准入经常设立进入壁垒，提高准入门槛，对中小企业形成了无形的准入限制，制约了中小企业的发展。

第三节　对策建议

一、继续推进体制机制改革，优化中小企业发展环境

一是依法营造良好的中小企业发展环境。按照新修订的《中华人民共和国中小企业促进法》的要求，推动各地出台更具针对性的政策措施，保障法律各项条款能够得到有效落实，同时要依法定期开展第三方中小企业发展环境评估工作，通过评估发现问题，推动中小企业发展环境不断优化。二是继续深入推进“放管服”改革，完善涉企行政事项清单管理制度，推动服务型政府建设。三是进一步减税降费，加大对中小企业，尤其是小微企业的税费优惠力度，既要重视优惠政策的出台，更要重视政策的落地执行，以使更大范围的中小企业能够切实享受到政策优惠。

二、加强趋势预警与政策研判，推动跨区域国际合作

一是建立跨部门协同预警机制。为应对国际贸易摩擦不确定性的增加，探索建立跨部门贸易摩擦预警和快速反应机制，尤其针对中小企业量大面广和行业分散的特征，分行业、分规模、分国别跟踪中小企业进出口形势变化，对可能受贸易摩擦影响较大的行业或领域加强跟踪和预测，及时发出预警并加强应对政策储备，降低中小企业可能受到的潜在负面影响。二是充分发挥第三方机构的支持作用。将行业的无损害抗辩、达成谈判价格承诺、制定最低限价、设置安全审查范围等内容作为贸易摩擦应对工作的重点，通过贸易双方行业协会、商会等非政府组织定期交流互访等形式，推动行业加强沟通合作，化解贸易摩擦。三是深化中小企业双多边合作机制，开拓国际新市场。大力推进中外中小企业合作区建设。鼓励和支持各地与“一带一路”沿线重点贸易地区建立多层次合作机制，发挥合作区吸引国际先进技术、人才、资金等优势资源的载

体作用，提升外向型中小企业的国际竞争力，支持中小企业抱团走出去。

三、提高中小企业专业化发展能力和水平，提升核心竞争力

一是加强“专精特新”中小企业培育工作。目前全国多个省市已出台“专精特新”中小企业的认定管理办法，但仍有部分地区未开展此项工作，因此有待进一步加强指导，推动各地加强“专精特新”中小企业培育工作。二是以产学研合作为突破助力中小企业竞争力提升。支持各地开展中小企业产学研合作创新试点，总结和推广中小企业产学研合作成功模式和经验，以提升中小企业核心竞争力，应对宏观经济下行压力加大给中小企业带来的负面冲击。三是推动中小企业提升信息化水平，以应对信息时代对企业转型升级提出的新要求。从研发设计、生产制造、经营管理和市场开拓等方面引导中小企业充分利用信息化手段提升核心竞争力。

第十三章

2019 年中小企业发展政策环境展望

2019 年中小企业发展政策环境有望进一步优化，随着减税降费政策红利持续释放，中小企业成本上升压力将得到缓解；融资环境也有望得到改善，纾解中小企业融资难系列政策效果将陆续显现；中小企业对外国际合作将继续深入推进，“一带一路”跨区域国际合作将不断深化；大中小企业融通发展主线突出，不同规模企业间将更加优势互补；创新创业将继续深入推进，中小企业市场活力有望进一步得到激发。

第一节　减税降费，降低企业负担

2018 年，为降低中小企业税费成本负担，中央及地方各部门相继出台系列减税降费措施，并且取得了较好的成效。全国税务工作会议公布的数据显示，2018 年全年减税降费规模约 1.3 万亿元，降低企业负担激发市场活力作用明显。其中，增值税减税效果最为突出，增值税减税规模近4000亿元；所得税优惠力度也不断加大，小型微利企业减半征收企业所得税的年应纳税所得额上限由 50 万元提高到 100 万元。除减税外，降费力度也在加大，2018 年养老、失业、工伤保险阶段性降低费率的政策也取得一定成效，为企业降低成本全年累计达1840亿元。此外，行政事业性收费事项也在减少，国家发展改革委、财政部联合印发《行政事业性收费标准管理办法》，进一步规范行政事业性收费，未列入行政事业性收费目录清单的事项一律不得收费。随着各类减税降费政策效果陆续显现，中小企业的税费负担正在不断下降，这为中小企业应对经济下行压力提供了缓冲，为中小企业创新经营发展模式创造了条件，更为下一步提高发展质量、优化产业结构提供了时间和空间。

2019 年，进一步减税降费仍是促进中小企业发展的主线。2019 年的《政府工作报告》明确提出要实施更大规模的减税，为实体经济转型升级增加新动能，在保证所有行业税负不加重的前提下，重点推动制造业和小微企业税负降低，全年计划减免税费规模约 2 万亿元。为实现上述目标，财政部联合其他部门印发《关于深化增值税改革有关政策的公告》，提出“增值税一般纳税人发生增值税应税销售行为或者进口货物，原适用 16%税率的，利率调整为 13%；原适用 10%税率的，利率调整为 9%。”此外，为降低小微企业税收负担，财政部联合其他部门印发《关于实施小微企业普惠性税收减免政策的通知》，提出对月销售额 10 万元以下（含）的增值税小规模纳税人，免征增值税，并且对小型微利企业年应纳税所得额不超过 300 万元的部分，按阶梯给予调减以及税率上的优惠。2019 年 4 月，中共中央办公厅、国务院办公厅联合印发《关于促进中小企业健康发展的指导意见》，再次明确提出“减轻中小企业税费负担”“降低社会保险费率”等措施，相信未来在中央系列税费优惠政策的大力支持下，中小企业税费成本负担有望持续不断降低，减税降费系列优惠政策红利将不断显现。

第二节　纾解融资难，改善融资环境

2018 年，中小企业普遍面临的难题就是“融资难、融资贵”，为贯彻落实党中央、国务院决策部署和新修订的《中华人民共和国中小企业促进法》关于优化中小企业融资环境的要求，财政部联合工业和信息化部印发《关于对小微企业融资担保业务实施降费奖补政策的通知》，通过奖补支持的方式推动小微企业融资担保业务降低费率，明确中央自 2018 年开始连续 3 年每年安排 30 亿元资金，根据工业和信息化部“中小企业信用担保业务信息报送系统”统计数据，采用奖励和补贴相结合的方式，对地方具有明显政策性扶持特征的小微企业担保业务进行奖补，引导各地加大对小微企业的金融支持，推动主做小微企业融资担保业务的机构健康发展。此外，中国人民银行、银保监会等其他金融相关部门也将纾解小微企业融资难工作作为加强中小企业金融扶持工作的重点内容。银保监会统计数据显示，截至 2018 年末，全国全口径小微企业贷款余额 33.49 万亿元，占各项贷款余额的 23.81%。其中，普惠性小微企业贷款余额 9.36 万亿元，较去年初增长 21.79%，较各项贷款增速高 9.2 个百分点，有贷款余额的户数 1723.23 万户，较去年初增加 455.07 万户。总体而言，在各相关部门的共同努力下，中小企业尤其是小微企业的融资环境正在不断优化和改善。

2019 年，为了更好地纾解中小企业融资难题，国务院办公厅印发《关于有效发挥政府性融资担保基金作用切实支持小微企业和“三农”发展的指导意见》（国办发〔2019〕6 号），明确提出政府性融资担保、再担保机构必须要以小微企业和“三农”融资担保业务为主业，不以营利为目的，推动小微企业和“三农”综合融资成本降低；建立银担风险分担机制，国家融资担保基金和银行业金融机构必须分担一定风险，并且承担的风险责任比例原则上不低于20%，省级担保和再担保机构承担的风险责任比例不得低于国家融资担保基金承担的比例。银保监会为了进一步推动金融机构提升小微企业金融服务质量，印发《关于 2019 年进一步提升小微企业金融服务质效的通知》（银保监办发〔2019〕48 号），进一步明确“两增两控”目标，明确要加大对普惠金融重点领域的政策性支持，在统计监测工作中继续保持对全口径小微企业贷款进行统计，推动银行业信贷在小微企业融资总量中的占比进一步提升，切实降低小微企业融资成本。此外，工业和信息化部、财政部也都继续将纾解小微企业融资难题作为优化中小企业融资环境的重要工作内容，不断丰富政策手段完善政策措施。总体而言，随着中央及地方各级政府部门不断加大对中小企业的融资扶持力度，中小企业融资难题有望进一步得到缓解。

第三节　推进国际化，拓宽合作领域

2018 年，“一带一路”倡议持续推进，为中小企业加强跨区域合作、对接全球资源提供了重要战略机遇。中小企业通过跨区域合作可以更好地对接国际产业发展变化前沿，加速转型升级进程。2018 年工业和信息化部新认定了中德（许昌）中小企业合作区、中德（慈溪）中小企业合作区、中东欧（沧州）中小企业合作区等多个中外中小企业合作区，有力推动地方中小企业对接国际市场，实现“走出去”，同时合作区也成为海外国际项目“引进来”的重要渠道和载体。合作区已经成为外向型中小企业集聚发展的重要载体，有效推动了中外中小企业项目对接和交流考察，提高了国内中小企业的国际合作能力。随着中外中小企业合作区建设机制的不断完善，国内中小企业拥有更多的便利条件引进、消化、再吸收国际先进技术，加速转型升级进程。此外，工业和信息化部联合中国贸促会等机构共同支持中小企业参与“一带一路”建设，促进中小企业开展双向投资交流，推进磋商机制进一步完善和深化，引导和推动地方中小企业主管部门及相关服务机构与“一带一路”沿线国家政府、协会、商会建立合作机制，助力本地区中小企业提升国际化水平。在中央的大力倡导下，济南等地方的中小企业主管部门积极推进中小企业国际化发展，各地中小企业对外合作不断深化、渠道日益成熟。

2019 年，中小企业国际化仍然是政府推动中小企业发展的工作重点。2019 年 1 月 29 日国务院新闻办公室新闻发布会上，苗圩部长介绍，工业和信息化部将继续推动中外中小企业合作区建设，在中德、中意建设中小企业国际合作园区的基础上进一步提升，同时推动 APEC 中小企业信息化促进中心服务功能不断完善，助力国内中小企业和 APEC 国家企业间进一步加强合作。2019 年的《政府工作报告》提出“推动全方位对外开放，培育国际经济合作和竞争新优势。进一步拓展开放领域、优化开放布局，继续推动商品和要素流动型开放”。地方积极贯彻落实中央精神，纷纷加大力度支持中小企业提高国际化发展水平，如浙江、广东等地方省市纷纷提出进一步推动中小企业国际化发展的具体举措，包括利用各类中小企业公共服务平台推动中小企业提升国际化发展能力等。此外，中外中小企业合作区不断细化对外合作目标，例如中德（蒲江）中小企业合作区提出 2019 年争取引进 35 个亿元以上的项目等。可以预期，随着中央及地方各级中小企业主管部门不断加强对中小企业国际化发展的政策引导和支持力度，中小企业国际合作机制将不断完善，国际化发展环境将日益优化。

第四节　融通发展，大中小企业共进

2018 年，国务院印发《关于推动创新创业高质量发展打造“双创”升级版的意见》，提出“搭建大中小企业融通发展平台”“实施大中小企业融通发展专项行动计划”。在此背景下，推动不同规模企业间融通发展已经成为各部门政策支持的重要方向。对此，工业和信息化部联合其他部门共同印发《促进大中小企业融通发展三年行动计划》，计划用三年时间支持 50 个以上的实体园区打造特色载体，推动大中小企业融通发展，全面推动要素集聚、模式创新以及区域合作，在制造业领域培育一批“双创”试点示范项目；构建工业互联网网络、平台和安全三大功能体系；培育 600 家专精特新“小巨人”和一批制造业单项冠军企业，打造良好的大中小企业融通发展生态。除中央层面外，地方各级政府也在积极推动“大中小企业融通发展”相关工作，如浙江省 2018 年中小微企业工作要点之一就是促进大中小企业融通发展，重点围绕产业链的纵向融通、创新链的平台融通以及数据能力资源融通等方面，推进大中小企业融通发展生态不断完善。

2019 年，中央及地方各级政府部门将进一步推动大中小企业融通发展，相关政策措施将不断完善。工业和信息化部已联合财政部等相关部门开展了

“2019—2020年支持打造特色载体推动中小企业创新创业”工作，重点挖掘和推广大中小企业融通发展的四种典型模式，一是基于创新能力共享的专业能力重构式融通发展，二是围绕供应链协同的纵向融通发展，三是基于数据驱动的数字化转型融通发展，四是依托区域生态的块状融通发展。在中央的倡导下，各地中小企业主管部门也将积极落实推动大中小企业融通发展的相关工作部署，加大政策支持力度，如福建省工信厅联合其他部门共同印发《福建省促进大中小企业融通发展三年行动计划》(闽工信中小〔2019〕38号)，提出到2021年力争创建或培育10个国家级制造业“双创”平台、6个国家级大中小企业融通“双创”特色载体等目标，通过总结成功经验、推广成功模式示范，带动更多大中小企业实现融通发展。随着中央及地方推动大中小企业融通发展的政策措施不断丰富，促进融通发展的服务体系将日趋完善，大中小企业的融通发展环境将更加优化，中小企业转型升级进程有望加速。

第五节　创新创业，活力持续增强

2018年，为进一步激发中小企业创新创业活力，中央及地方各级中小企业主管部门持续出台优化创新创业环境的扶持政策。工业和信息化部开展了国家小型微型企业创业创新示范基地评选工作，共遴选出119个国家级示范基地，较好地引领和示范各地创新创业工作；同时进一步开展国家中小企业公共服务示范平台评选工作，共评选出174家国家级示范平台，这些示范平台已经成为各地中小企业公共服务体系建设的核心力量。国家市场监督管理总局进一步出台《关于做好全国统一“多证合一”改革工作的通知》(市监企注〔2018〕7号)，提出要在“5证合一”的基础上，进一步统一19项涉企证照，最终实现“24证合一”。除中央外，地方中小企业主管部门也不断出台支持创新创业的配套政策措施，如青岛市经信委提出《2018全市扶助小微企业专项行动》，专门针对中小企业需求开展了12大类379项服务活动，全面优化小微企业创新创业环境。随着全国各地创新创业工作的继续深入推进，大众创业、万众创新的文化日益深入人心。

2019年，中央及地方各级中小企业相关政府部门将继续推进创新创业政策的贯彻和落实，中小企业的发展环境有望进一步得到优化。2019年1月，国务院办公厅印发《关于推广第二批支持创新相关改革举措的通知》，在知识产权保护、科技成果转化激励等诸多方面全面推广各地创新创业的成功经验。2019年3月，李克强总理在作政府工作报告时提出“进一步把大众创业万众创新引向深入。鼓励更多社会主体创新创业，拓展经济社会发展空间，加强全方位服务，发挥双创示范基地的示范引领带动作用”。工业和信息化部积极落实党中央国务院的工作部署，出台《关于推荐 2019 年度国家小型微型企业创业创新示范基地的通知》（工企业函〔2019〕164 号），通过评选国家级双创示范基地，带动各地中小企业创新创业基础设施和相关公共服务不断完善。在中央的大力倡导下，地方各级政府部门也纷纷出台政策措施支持中小企业创新创业发展，如深圳市出台《关于办理拨付 2019 年度市民营及中小企业创新发展培育扶持计划企业国内市场开拓项目资助资金的通知》，对本地区创新型中小企业开拓国内市场给予更多政策支持；河北省为支持企业创新创业发展，专门针对“专精特新”中小企业开展了大规模的服务对接活动。可以预期，随着中央及地方鼓励民营经济及中小微企业创新创业的相关政策措施不断完善和丰富，中小微企业的市场活力和社会创造力有望竞相迸发。

后　记

《2018—2019 年中国中小企业发展蓝皮书》是由中国电子信息产业发展研究院赛迪智库中小企业研究所编撰完成的。本书通过客观描述中小企业发展情况，深入分析中小企业发展环境，系统梳理中小企业面临的突出问题，科学展望中小企业发展前景，为读者提供了2018—2019年度中小企业发展的全景式描述，并通过对中小企业突出问题的专题分析，为读者提供中小企业发展相关重点领域的深度刻画。

本书由刘文强担任主编，杨东日任副主编。全书共十三章，杨东日负责书稿的整体设计、内容把控和修改定稿，张洁负责编写第一章、第二章，韩娜、刘姝祎负责编写第三章、第七章、第八章，王世崇负责编写第四章，巩键负责编写第五章、第六章，张朝负责编写第九章，景治铖负责编写第十章、第十一章，龙飞负责编写第十二章、第十三章。

在本书的编撰过程中，工业和信息化部中小企业局给予了精心指导和大力协助，在此对各位领导和专家的帮助表示诚挚的谢意。

通过本书的研究，希望为中小企业相关政府主管部门制定决策提供参考，为相关研究人员及中小企业管理者提供相应的基础资料。

举报电话：（010）88254396；（010）88258888

传　　真：（010）88254397

E-mail：　dbqq@phei.com.cn

通信地址：北京市万寿路 173 信箱

电子工业出版社总编办公室

邮　　编：100036